KPC-Businesspraxis

Peter Weber

Business-Mentoring

KPC-Businesspraxis

Peter Weber

Business-Mentoring

Manager als interne Berater
in turbulenten Zeiten

Ein Praxisleitfaden für Mentoren, Mentees
und Personalentwickler

MAORI

MAORI Verlags- und Organisationsberatungs-Gesellschaft mbH
· Management · Organisation · · Innovation ·

© *2004* MAORI GmbH

Printed in Germany

Herstellung: Books on Demand GmbH, Norderstedt

ISBN 3-931943-06-2

Der Inhalt

Mit rasanter Geschwindigkeit verändern sich Unternehmen, ihre Organisationsstrukturen und die Anforderungen an ihre Mitarbeiter sowie insbesondere an Führungskräfte. Verlässliche, vertrauensvolle Beziehungen gewinnen unter diesen turbulenten Bedingungen an Bedeutung.

Gute Überlebenschancen besitzen Unternehmen insbesondere, wenn sie das Wissen, die Netzwerke und die Erfahrungen ihrer langjährigen Führungskräfte oder Mitarbeiter optimal nutzen. Firmen sind aber auch auf frische, gut ausgebildete Kräfte angewiesen, die möglichst schnell in ihr Unternehmen und in die Übernahme von Verantwortung hineinwachsen sollen. Hier liegt die einmalige Chance für das Mentoring, indem Erfahrene mit Neuen „zusammengespannt" werden. Mentoring ist allerdings kein Selbstläufer! Erforderlich sind persönliche Voraussetzungen beim Mentor, methodische Kenntnisse, angemessene Rahmenbedingungen im Unternehmen sowie eine richtige „Passung" zwischen Berater und Beratenem.

Das Buch stellt zunächst die überraschende Vielfältigkeit der Mentorenrolle dar und geht dann ausführlich auf jene Mentoren ein, die mit einem offiziellen Unternehmensauftrag Nachwuchsführungskräfte oder Unternehmensneulinge begleiten. Die Funktion des Mentors wird genau abgegrenzt zu der des coachenden Vorgesetzten und der des internen oder externen Coachs. Alle Voraussetzungen für ein erfolgreiches Mentoring werden praxisnah dargestellt.

Ein abschließender Check unterstützt den Leser bei der Einschätzung, ob er persönlich und sein Unternehmen die beschriebenen Erwartungen erfüllen.

Der Autor

PETER WEBER, Dr. phil., Jahrgang 1955, studierte Organisationspsychologie, Theologie und Astronomie. Als Partner der organisationspsychologischen Unternehmensberatung KASTNER PARTNER CONSULTING (www.k-p-c.org) berät er mit den Funktionen Master-Coach (ECA), Mediator (BMWA) und Supervisor (DGSv) verschiedene größere und mittlere Unternehmen. Zusätzlich ist er mit Lehraufträgen an der Universität Dortmund und an der Fachhochschule Dortmund tätig.

Kontakt

Der Autor freut sich über Feed-backs, Verbesserungsvorschläge, Erfahrungsberichte und Anfragen! Sie erreichen ihn garantiert per E-Mail:
Peter.Weber@k-p-c.org

INHALTSVERZEICHNIS

Für Klaus

in memoriam

Zum Geleit

Mit diesem Band zum Business-Mentoring wird eine Reihe von praxisnahen Veröffentlichungen gestartet. Sie soll interessierte Leser an Wissen, Erfahrungen und Methoden aus der Praxis von KASTNER PARTNER CONSULTING (KPC) Herdecke teilhaben lassen. Angesprochen sind insbesondere Führungskräfte sowie Personalverantwortliche aus mittleren und großen Unternehmen.

Veröffentlichungen in der Reihe „KPC-Businesspraxis" sind für Praktiker verfasst. Wissenschaftliche Erkenntnisse und beraterische Erfahrungen sind leicht lesbar, komprimiert, mit Beispielen angereichert sowie auf jeweils ein wichtiges Thema fokussiert. Für Teilnehmer an KPC-Seminaren oder -Workshops dient die Lektüre einer vertiefenden Nachbereitung. Andere fühlen sich vielleicht durch die Inhalte angesprochen, in ihrem Unternehmen Maßnahmen zur Vermittlung und Vertiefung des Basiswissens zu ergreifen. Gerne unterstützten wir Sie dabei und freuen uns über Ihre Kontaktaufnahme (info@k-p-c.org).

Führen wird immer schwieriger. Globalisierung, Technisierung, Innovationen und generell steigende Anforderungen sorgen für immer mehr unbekannte Systemzustände. Einzelne Köpfe können die Probleme kaum noch alleine lösen. Zunehmende Prozessdynamik, Unvorhersehbarkeit, -sagbarkeit, Turbulenzen und Hektik bei gleichzeitig abnehmender Transparenz erfordern mehr Hilfe und Beratung durch die Führungskräfte. Dies gilt insbesondere für Mitarbeiter, die in schwierigen Zeiten Angst vor Überforderung und um ihren Job haben und sozialer Unterstützung bedürfen.

Entsprechende Aufgaben der Führungskraft werden in diesem Band sehr konkret und anschaulich beschrieben. Gerade für „logisch" denkende Führungskräfte aus dem technischen, wirtschaftlichen oder auch juristischen Bereich sind entsprechende „psychologische" Vorgehensweisen sehr zu empfehlen.

Herdecke, im April 2004

Michael Kastner

Prof. Dr. phil. Dr. med. Michael Kastner ist Inhaber des Lehrstuhls für Theorien und Grundlagen der Organisationspsychologie an der Universität Dortmund sowie Beirat von KASTNER PARTNER CONSULTING.

Was will dieses Buch?

Genau 4643 deutschsprachige Titel zählt ein großer Internetbuchhändler unter dem Stichwort *Coaching* auf. Suchen Sie mit dem Begriff *Mentor*, so liefert das Ergebnis 41 Veröffentlichungen, die sich überwiegend auf schulische Lernhilfen, ein gleichnamiges Softwareprogramm, eine griechische Sagengestalt und spirituelle Begleitung beziehen. Lediglich eine Hand voll Bücher scheinen sich mit *der* Bedeutung zu befassen, die hier die Hauptrolle spielen wird. Die deutschsprachige Literatur zum „Business-Mentoring" kann also gut eine Ergänzung vertragen.

Unternehmen verändern sich schnell und radikal wie vielleicht nie zuvor in der Geschichte – oder sie überleben nicht. Führungskräfte müssen permanente Veränderungen planen, durchführen und selbst erleiden. Gut ausgebildeter Nachwuchs wird gebraucht – aber die Zeit zur Einführung in neue Aufgaben ist knapp.

Lebens- und berufserfahrene Manager[1] können in diesem Chaos einen ruhenden Gegenpol bilden: Vertrauen und eine gewisse Konstanz schaffen für Nachwuchskräfte, einen Raum zum Atemholen und Reflektieren zur Verfügung stellen, am Netzwerk der (berufs-) lebenslangen Kontakte mitwirken.

Nicht alle Unternehmen schöpfen das Potenzial ihrer erfahrenen Manager aus. Zu wenige sehen die Notwendigkeit und die Chancen einer gezielten Nachwuchsförderung. Manche Unternehmen nutzen dieses nur halbherzig: Es fehlt an einem klaren Auftrag; Mentoren fühlen sich als Lückenbüßer und werden nicht angemessen an ihre Aufgabe herangeführt.

Kurzum: In turbulenten Zeiten ist persönliche Unterstützung wichtiger denn je. Mentoren werden häufig unzureichend vorbereitet, weil die Einsichten, Gelder und Konzepte nicht vorhanden sind. Unterstützende Literatur gibt es kaum.

Welche Leser/innen wünscht sich der Autor?

- Daher wendet sich dieses Buch in erster Linie an Führungskräfte die angefragt wurden, ob sie eine Mentorenaufgabe übernehmen wollen oder die überlegen, ob sie sich selber für diese Aufgabe bereit finden sollen. Ihnen

---

[1] Manager, Mentor, Mentee bedeuten keine Einengung auf männliche Personen, sondern lediglich eine schreibtechnische Vereinfachung.

soll Entscheidungshilfe geboten werden, „ja", „nein" oder „nur unter folgenden Bedingungen" zu sagen.

- Mentoren, die bereits seit einiger Zeit in ihrer Aufgabe tätig sind, werden angeregt, ihr Beratungskonzept zu reflektieren und gegebenenfalls anzureichern.

- Manager oder Personalentwickler die überlegen, ob die Einführung des Mentorings in ihrem Unternehmen sinnvoll ist, erhalten eine Entscheidungshilfe und können abschätzen, welche Voraussetzungen sie schaffen müssen.

- Manager oder Personalentwickler, die geeignete Mentoren auswählen müssen, lesen hier etwas über das entsprechende Anforderungsprofil.

- Personalentwickler oder Trainer, die Mentoren auf ihre Aufgabe vorbereiten sollen, finden das Grundgerüst eines Ausbildungskonzepts.

- Zu guter Letzt profitieren hoffentlich auch Nachwuchsführungskräfte oder Unternehmenswechsler von der Lektüre, die vor der Frage stehen, ob sie Mentoring in Anspruch nehmen sollen / wollen und welcher Mentor ggf. der richtige für sie ist.

Was finden Sie in diesem Buch?

Zunächst gilt es zu klären, wie die Rolle und die Aufgaben eines Mentors im Spektrum von verschiedenen Führungs-, Beratungs- und Unterstützungstätigkeiten aussehen. Daraus lassen sich Schlüsse ziehen, welche persönlichen Voraussetzungen und Fähigkeiten ein guter Mentor mitbringen oder entwickeln sollte. Schließlich geht es in die praktische Ausgestaltung des Mentorings: Rahmenbedingungen, Sitzungsabläufe und das Methodeninventar. Letzteres dürfte die Leser besonders interessieren, da es plastische Antworten auf die Fragen liefert: „Was mache ich als Mentor mit meinem Mentee?" „Was genau passiert während unserer Sitzungen?"

Weniger ist oft mehr. Dies gilt auch für die Anzahl von Methoden, die ein guter Mentor einsetzen sollte. Wir beschränken uns (auch wegen der besseren Verständlichkeit) in diesem Buch auf das Wesentliche:

Drei universell verwendbare Handwerkszeuge

Hammer, Kneifzange und Schraubendreher sind für jeden Werkzeugkasten unverzichtbar. Genau so universell einsetzbar sind für den Mentor die drei Werkzeuge:

1. Führen durch Fragen
2. Kontrollierter Dialog
3. Systemische Perturbationen

Warum gerade diese drei Werkzeuge? Sie sind

- relativ leicht erlernbar,
- vielseitig verwendbar,
- für das Erreichen der Mentoring-Ziele bestens geeignet und
- relativ ungefährlich; auch bei nicht so perfekter Beherrschung richten sie keinen großen Schaden an.

Zu guter Letzt: der Mentoring-Check

Sie wirken bereits als Mentor oder stehen unmittelbar vor der Entscheidung, diese Aufgabe zu übernehmen? Als Zusammenfassung des Buchinhaltes bietet sich Ihnen die Möglichkeit, zwei wichtige Fragen zu beantworten:

1. Bringen Sie gute persönliche Voraussetzungen für einen Mentor mit?
2. Stellt Ihr Unternehmen akzeptable Rahmenbedingungen zur Verfügung?

Zu Ihrem individuellen Check-Ergebnis finden Sie abschließend Empfehlungen, die Sie (hoffentlich) dabei unterstützen, einen ganz persönlichen Gewinn aus diesem Buch zu ziehen.

Dortmund, im März 2004
Peter Weber

 Das Buch wurde sehr kompakt verfasst, damit Sie sich möglichst schnell einen Überblick zum Thema Mentoring verschaffen können. An verschiedenen Stellen sind Leseempfehlungen eingeschoben. Falls Sie an einer Vertiefung des Themas im jeweils aktuellen Kapitel interessiert sind, finden Sie gezielt ausgewählte Literatur angegeben.

1. Grundlegendes

1.1. Begriffsklärungen

„Erzähle ihm alles, was du weißt!"

Durch diese Worte beauftragt der Held Odysseus in der griechischen Mythologie seinen Freund Mentor mit der Erziehung seines Sohnes Telemach, bevor er nach Troja zieht. Mentor wurde zum Namensgeber für weise Personen, die ihr Wissen an den Nachwuchs anderer Menschen vermittelten und zur Erziehung beitrugen. In vielen Jahrhunderten besaßen sie den Status von Hauslehrern.

Diese Rolle ist in veränderter Form auf die Unternehmenslandschaft übergegangen. Geblieben ist, dass der Mentor mit seinem Schützling nicht „verwandt" ist (nicht aus der gleichen Linie stammt), dass er diesem an Weisheit und Erfahrung viel voraus hat und dass er vom „Erziehungsberechtigten" (Vorgesetzten) einen Auftrag erhält.

Andere gebräuchliche Umschreibungen dieser Rolle lauten: Lehrer, Förderer, väterlicher Freund.

Relativ verbreitet ist die Mentorenfunktion an Universitäten: Höhere Semester führen Studienanfänger ein oder bereiten sie auf Prüfungen vor.

Ein Blick in den Duden fördert zu Tage:

Mentor (griech.; nach dem Lehrer des Telemach, dem Sohn des Odysseus), ... a) erfahrener Ratgeber, Helfer, Anreger; b) (veraltet) (Haus)lehrer, (Prinzen)erzieher; c) erfahrener Pädagoge, der Studenten, Lehramtskandidaten, Studienreferendare während ihres Schulpraktikums betreut. (Der Duden, Fremdwörterbuch, 1997)

Einen einschlägigen Business- oder Unternehmensmentor kennt der Duden also nicht.

Gelegentlich finden Sie in der entsprechenden Literatur auch den Begriff des *Paten*. Nicht alle Autoren unterscheiden hier sauber, wo eine sinnvolle Trennungslinie zum Mentor verläuft:

Paten sind Begleiter, die sich auf der *gleichen Ebene* wie der Begleitete befinden (also erfahrene Kollegen).

Der typische Mentor in einer Organisation ist ein lebenserfahrener Manager, der mindestens eine Hierarchieebene über seinem „Schützling" steht, aber keinen disziplinarischen Zugriff auf ihn hat.

Wählt ein Mitarbeiter seinen Begleiter selbst aus, trägt dieser meist die Bezeichnung *informeller* Mentor. Der *formelle* Mentor wird ohne Auswahlmöglichkeit des Mitarbeiters diesem zugeordnet.

Interessant ist: Wenn Mitarbeiter die Wahl haben, suchen sie sich vorwiegend den Mentor mit der größten *Fachkompetenz* (nicht *Beratungskompetenz* oder *Beziehungsnetz*)! (Maaß und Ritschl, 1997)

Natürlich gibt es auch Mentoren, die sich – aus ganz unterschiedlichen Motiven – ihren „Schützling" selbst aussuchen. Im Extremfall geschieht diese Förderung ohne jegliche Information an Unternehmensverantwortliche und sogar ohne den Geförderten um Zustimmung zu bitten. Ist dies noch Mentoring? Dazu später mehr.

Wie nennen wir die andere Person?

Zwei Begriffe sind verbreitet: Mentee und Schützling. Beide besitzen – bei aller positiven Eindeutigkeit – auch jeweils einen Nachteil: Während *Mentee* die Passivität betont, erweckt der *Schützling* (gelegentlich auch frz.: Protegé) die Assoziation des kleinen, unmündigen Kindes. Ein Alternativvorschlag: Sagen Sie einfach „Mein (Gesprächs-) Partner" oder „Mein (Mentoring-) Partner"!

1.2. Ihr Auftrag als Mentor?

Jemand hat Sie angefragt oder auf die Idee gebracht, Mentor zu werden. Trotz Ihres vollen Kalenders haben Sie zumindest noch nicht „NEIN!" gesagt. Was wissen Sie über die Erwartungen, mit der die Unternehmensleitung, Ihr Vorgesetzter, die Personal- oder Führungskräfteentwicklung oder sonst jemand diesen Begleitungsprozess wünschen, fordern, fördern oder zulassen?

Zwei bis drei Fragen gilt es vorab zu klären – häufig mit verschiedenen Personen oder Instanzen:

1. Was verspricht sich das Unternehmen von der Einrichtung des Mentorings?

2. Warum wurden ausgerechnet Sie angefragt, Mentor zu werden?

Und – falls Sie schon wissen, wer Ihr Mentoring-Partner werden soll:

3. Weshalb wurde gerade dieser Mentee (für Sie) ausgewählt und welches Ziel will, kann, soll, darf er erreichen?

Alles in einer Frage zusammengefasst:

Wie lautet Ihr Auftrag ganz konkret?

Manchmal werden Sie feststellen, dass die Vorstellungen über das Mentoring im Unternehmen diffus oder widersprüchlich sind. Dann hilft Ihr freundlich-hartnäckiges Nachfragen, die notwendige Klarheit zu schaffen.

Rechnen Sie mit zwei verschiedenen Kategorien von Aufträgen: An den *formellen Auftrag* kommen Sie leicht heran. Er liegt (nicht immer) in schriftlicher Form vor, regelt eher das Organisatorische und beschreibt in wenigen Sätzen das unternehmensoffizielle Ziel von Mentoring. Den *informellen Auftrag* erhalten Sie (wenn überhaupt) nur durch hartnäckiges Nachfragen – und nie schriftlich: Er enthält die (zunächst unausgesprochenen) Erwartungen eines Managers oder Personalentwicklers, was gerade *Sie* mit gerade *diesem* Mentee tun und erreichen sollen. Manchmal weicht dieser informelle Auftrag kaum vom formellen ab; gelegentlich scheint es sich aber um zwei verschiedene Projekte zu handeln. Das Scheitern ist vorprogrammiert, wenn Sie diese unausgesprochenen Erwartungen nicht kennen, nicht erfüllen oder sich in das Gestrüpp einander ausschließender Aufträge verstricken.

Hier eine kleine, unvollständige Liste von formellen und informellen Erwartungen, mit denen Sie konfrontiert werden könnten:

Erwartungen an das Mentoring

- Die Selbstentwicklung als Manager fördern.
- Der Mentee selber soll alle Einsichten und Lösungen finden und entscheiden.
- „Hilfe zur Selbsthilfe" geben.
- Im Dialog / Sparring gemeinsam den Weg suchen.
- Durch das Vorbild des Mentors lernen lassen.
- Aus dem Mentee eine gute Führungskraft machen.
- Das wesentliche Unternehmenswissen an den Mentee weitergeben.
- Die Identifikation mit dem Unternehmen stärken.
- Den Mentee innerlich an das Unternehmen binden.

- Den Mentee im Unternehmen halten.
- Herausfinden, ob er als Führungskraft geeignet ist.
- Einem halb blinden die Augen öffnen.
- Der Mentee soll so werden wie der Mentor.
- Der Mentee soll so werden, wie sein Vorgesetzter es wünscht.

Diese Beispiele zeigen, welches weite Feld formelle oder informelle Aufträge abdecken, die Sie als Mentor erhalten können.

1.3. Typische Zielgruppen des Mentorings

Vermutlich lassen sich fast alle Personen, denen Mentoring angeboten wird, in eine von drei Zielgruppen einordnen:

A. Unternehmensneulinge

Egal ob Berufsanfänger oder Unternehmenswechsler, Führungskraft oder Mitarbeiter: Jemand soll so schnell und so gut wie möglich in seine neue Firma hineinwachsen und wird dabei von einem Insider unterstützt. Es liegt in der Natur dieser Aufgabe, dass sie häufig nur einige Monate andauert. Das Ziel ist erreicht, wenn der Betroffene, Vorgesetzte, Kollegen und der Mentor merken: „Er ist drin!"

Vielen Organisationen ist der Aufwand zu hoch, alle Neuen durch Mentoren zu unterstützen. Daher gehören die Neueingetretenen, denen tatsächlich Mentoring angeboten wird, häufig zusätzlich zur zweiten Zielgruppe:

B. Nachwuchsführungskräfte

Organisationsangehörige mit Potenzial werden von ihrem Vorgesetzten oder durch ein Auswahlverfahren für den Wechsel in eine höhere Ebene vorgeschlagen. Es kann sich um die erstmalige Übernahme von Führungsverantwortung, um einen Aufstieg in der Hierarchieebene oder „nur" um deutlich anspruchsvollere Projekt- oder Stabstätigkeiten handeln. Manchmal steht das Ziel der Förderung zu Beginn gar nicht fest. Es soll erst während des Mentorings geklärt werden, wozu sich eine begabte Persönlichkeit am Besten eignet oder wohin sich der aktuelle Unternehmensbedarf entwickelt.

In dieser Nachwuchsförderungskategorie bewegen sich die meisten Mentoring-Prozesse. Insbesondere wenn die Auswahl durch ein professionelles Verfahren (Assessment Center) erfolgt, beginnt die Förderung einer ganzen Gruppe von Mentees gleichzeitig. Dann darf erwartet werden, dass die zuständigen Stabsstellen den Prozess mit einem höheren Aufwand (Ausbildung der Mentoren, Kickoff-Meetings) unterstützen, als wenn nur ein einziger Mentee beginnt.

Das Ziel ist erreicht, wenn der Mentee in der angestrebten Funktion einigermaßen fest im Sattel sitzt oder wenn feststeht, dass ein Erreichen dieser Position auf absehbare Zeit nicht möglich ist. Die Prozessdauer liegt in den meisten Fällen zwischen sechs Monaten und drei Jahren. Und dann gibt es noch ...

C. Langzeitbegleitete

Diese Personen sind nicht neu im Unternehmen und gehören keinem speziellen Förderkreis (mehr) an. Auf eigene Initiative oder durch Vermittlung des Unternehmens sind sie mit einem Mentor zusammengespannt. Die Gründe hierfür sind vielschichtig: Besonders schwierige Aufgaben, jemand sitzt an einer wichtigen Schlüsselposition, persönliche (freundschaftliche) Verbindungen etc. Gelegentlich trifft man hier auch das umgekehrte Prinzip: Bestimmte Personen sind einem einflussreichen Manager sehr ans Herz gewachsen. Er möchte (aus welchen Gründen auch immer) das Beste aus ihnen machen und quasi wie ein „Schutzengel" bis zu seinem (Berufs-) Ende über ihnen wachen.

Begegnungen zwischen Mentor und Protegé finden hier häufig „auf Abruf" statt. Der Mentee meldet sich, wenn er Rat benötigt – oder der Mentor sieht gelegentlich nach dem Rechten. Diese Langzeitbeziehung kann sogar den Ruhestand des Mentors überdauern.

Natürlich erzeugen die verschiedenen Zielgruppen unterschiedliche Anforderungen an den Mentor. In der Folge wird der Zusammenhang mit den Mentoren-Rollen diskutiert (☞ Kapitel 2.2). Doch zunächst wenden wir uns einem „ganz heißen Eisen" zu ...

1.4. Großer Knackpunkt: Verschwiegenheitspflicht oder Berichtspflicht?

„Sag, wie hältst du es mit der Vertraulichkeit?"

So lautet vermutlich die Gretchenfrage des Mentorings. Damit Mentoring funktioniert, muss eine vertrauensvolle Beziehung zwischen beiden Beteiligten bestehen. „Vertrauen" bedeutet aus Sicht des Mentees: Der Mentor ist mein Anwalt; er will mein Bestes; er traut mir etwas zu, unterstützt mich, ist offen und ehrlich zu mir.

„Vertrauen" heißt aus Sicht des Mentors: Der Mentee akzeptiert mich als seinen Helfer und Unterstützer; er ist offen und ehrlich zu mir; ich erfahre seine echten Träume, Wünsche, Probleme.

Dieses gegenseitige Vertrauen gedeiht am besten in einem geschützten Rahmen. Alles Besprochene „bleibt in diesem Raum". Der Mentor verwendet Erkenntnisse aus dem Mentoring nicht (oder nur mit ausdrücklicher Erlaubnis des Mentees) weiter.

In diesem Idealfall teilt der Mentor seinen Auftraggebern aus Management oder Personalentwicklung nur die organisatorischen *Hard Facts* mit (Anzahl, Termin und Dauer der Sitzungen, Beendigung des Prozesses) oder gibt inhaltliche Informationen im ausdrücklichen Auftrag des Mentees weiter. Dieser Vertraulichkeitsgrad darf am ehesten im Langzeit-Mentoring erwartet werden, insbesondere wenn ein erfahrener Manager aus eigenem Antrieb eine Person seines Vertrauens fördert.

Schwieriger gestaltet sich die Lage im Mentoring von Unternehmensneulingen oder Nachwuchsführungskräften.

Die Organisation besitzt ein (berechtigtes) Interesse daran, zu erfahren, ob jemand in seiner neuen Firma „angekommen ist". Noch ausgeprägter ist der Wunsch nach einer eindeutigen Antwort, ob ein Mentee als Nachwuchsführungskraft geeignet ist bzw. wann und wo er eingesetzt werden könnte. Schon haben wir das Dilemma:

Vertrauensgrad und verschiedene Mentoring-Gruppen

Mentoring-Zielgruppe	„Wissensbegierde" des Unternehmens	Bedeutung des Vertrauens für den Erfolg
Langzeitbegleitete	niedrig	hoch
Unternehmensneulinge	mittel	mittel
Nachwuchsführungskräfte	hoch	sehr hoch

Als äußerst kritische Zielgruppe erscheinen die Nachwuchsführungskräfte. Hier verspricht sich das Unternehmen besonders viel von einer gezielten Förderung und Kompetenzentwicklung. Am Ende des Mentoring-Prozesses soll feststehen, ob und wo jemand mit Führungsaufgaben betraut werden kann. Andererseits ist der Mentor auf eine besonders große Offenheit seines Schützlings angewiesen, um gezielt auf Stärken und Schwächen einwirken zu können. Für den Mentee würde eine unbedingte Schweigepflicht des Mentors die größten Lern- und Entwicklungschancen bieten. Unternehmensverantwortliche könnten Zwischenbewertungen des Mentors nutzen, um parallel ergänzende Weiterbildungsmaßnahmen für den Mentee zu planen, bestimmte Führungsaufgaben für diese Person zu reservieren oder (bei potenzieller Ungeeignetheit) rechtzeitig andere Mitarbeiter für das Mentoring-Programm zu suchen.

Dieses Dilemma lässt sich teilweise auflösen, indem nicht nur Schwarz-Weiß-Lösungen (Schweigepflicht: ja oder nein), sondern verschiedene Zwischenstufen in Betracht gezogen werden. Dabei nutzen wir die Tatsache, dass das Lernen des Mentees ja auch „von außen" beobachtet werden kann: „On the job" bei seiner gegenwärtigen Tätigkeit durch den eigenen Vorgesetzten oder durch gezielte Einschätzungsverfahren gegen Ende des Mentoring-Prozesses.

Sieben denkbare Varianten sind hier nach dem Grad der Schweigepflicht geordnet. Lösung 1 stellt den höchsten Verschwiegenheitsgrad dar und bietet das größte Potenzial für die Nutzung aller Lernchancen im Mentoring. Lösung 7 liefert die höchste Transparenz für das Unternehmen, aber auch die geringste Wahrscheinlichkeit, dass Vertrauen zwischen Mentor und Mentee wächst. Im Grunde handelt es sich bei der letzten Stufe schon nicht mehr um Mentoring, da ein wesentlicher Unterschied zur Rolle des direkten Vorgesetzten entfallen ist.

Die Verschwiegenheitsstufen im Mentoring

1. Der Mentor erhält eine vollständige Schweigepflicht. Er berichtet lediglich über Formalien (Termin, Ort und Dauer der Sitzungen, Ende des Prozesses). Die Einschätzung der Eignung am Ende des Mentorings geschieht durch andere Personen. Hierzu eignen sich die Beobachtung des Mentees während des gesamten Zeitraums durch seinen Vorgesetzten oder ein Potenzialeinschätzungsverfahren (Assessment Center).

2. Der Mentor wird auf Wunsch und im Auftrag des Mentees teilweise von seiner Schweigepflicht entbunden. Es werden also nur Einschätzungen / Informationen nach außen transportiert, die im Sinne des Mentees sind.

3. Die Einschätzung des Mentees erfolgt wie unter 1 durch andere Personen. Der Mentor besitzt allerdings eine Art „Vetorecht", indem er ohne Angabe von Details ein Testergebnis als „im krassen Widerspruch zu seinen Mentoring-Erfahrungen stehend" bezeichnen darf.

4. Der Mentor gibt am Ende des Mentorings ohne Angabe von Details eine Gesamteinschätzung ab: *„Herr Schönfelder ist aus meiner Sicht geeignet für die Übernahme der Aufgabe eines Teamleiters. Er muss allerdings noch weiter an seiner Kommunikationskompetenz zum Führen von Mitarbeitergesprächen arbeiten."*

5. Der Mentor berichtet am Ende ausführlich über seine Potenzialeinschätzung und beantwortet alle diesbezüglichen Fragen des Managements oder der Personalentwicklung (Schweigepflicht nur *während* des Prozesses). Der Mentee besitzt das Recht, während des Mentorings für bestimmte Themen den Mentor ausdrücklich um Vertraulichkeit zu bitten.

6. Der Mentor berichtet am Ende ausführlich über seine Potenzialeinschätzung und beantwortet alle diesbezüglichen Fragen des Managements oder der Personalentwicklung (Schweigepflicht nur *während* des Prozesses).

7. Der Mentor berichtet fortlaufend während des gesamten Mentoring-Prozesses über Fortschritte und Schwachstellen seines Mentees (reine Berichtspflicht, keine Schweigepflicht).

Wer entscheidet über den Grad der Schweige-/Berichtspflicht?

Dies ist Aufgabe des Auftraggebers (Management und / oder Personalentwicklung). Dabei sollte dem Mentor ein Mitspracherecht eingeräumt werden. Falls Sie sich als Mentor mit Ihren Vorstellungen hier nicht durchsetzen können, ist dies eine Schlüsselstelle, um zu überprüfen, ob Sie den Auftrag guten Gewissens annehmen können! Es ist möglich, dass für Langzeitbegleitete eine andere Stufe der Verschwiegenheit gilt als für Nachwuchsführungskräfte. Jedoch sollten alle Mentees einer Zielgruppe (z. B. Unternehmensneulinge) bezüglich der Schweigepflicht gleich behandelt werden.

> **Unverzichtbar: Absolute Offenheit
> über die Verschwiegenheit!**

Das „Worst-Case-Szenario" des Mentorings fände statt, wenn sich Mentee und / oder Mentor über den Grad der Verschwiegenheit zu ihren Ungunsten irren würden, weil zu Beginn keine eindeutige Offenheit hergestellt wurde:

1. Der Mentee glaubt, dass seine Äußerungen in einem geschützten Raum bleiben und ist völlig entsetzt als er erfährt, dass sein Mentor am Ende des Verfahrens einen detaillierten Bericht an die Personalabteilung liefern wird.

2. Der Mentee vermutet, dass der Mentor über seine Fort- und Rückschritte nach oben berichten wird. Daher hält er sich mit allen Äußerungen zurück, die sein positives Bild beschädigen könnten. Tatsächlich hat der Mentor aber ein Schweigerecht und wundert sich, wieso die Gespräche mit seinem Mentee nicht „in die Tiefe gelangen".

3. Der Mentor ist der festen Überzeugung, er sei so etwas wie der „Beichtvater" seines Schützlings und fällt aus allen Wolken, als ihn der Geschäftsführer nach einigen Monaten beiseite nimmt und fragt: *„Sie kennen Ihren Mentee inzwischen doch ganz gut. Sagen Sie mal: Haben wir da den Richtigen ausgesucht oder sollten wir besser auf Frau Scheiwe setzen?"*

4. Der Mentor geht davon aus, dass er spätestens am Ende des Mentorings eine Bewertung vornehmen muss. Diese „Prüfer-Perspektive" beeinflusst seine Wahrnehmung von selbstkritischen Äußerungen des Mentees und seine eigene Gesprächsstrategie. Als er nach einigen Monaten per Zufall erfährt, dass

niemand von ihm eine Beurteilung erwartet, verunsichert ihn dies massiv über sein weiteres Vorgehen im Mentoring.

Sie sollten als Mentor oder Mentee bei keiner wichtigen Voraussetzung denken *„das ist doch selbstverständlich!"*, solange darüber nicht eine eindeutige Übereinkunft hergestellt werden konnte!

Eine Doppelklärung ist für den Mentor vor bzw. zu Beginn des Prozesses unverzichtbar:

1. Mit dem Auftraggeber ist eindeutig (am besten schriftlich) zu klären, wo die Grenze zwischen Berichts- und Schweigepflicht verläuft.

2. Mit dem Mentee ist spätestens beim ersten Meeting Einvernehmen und Eindeutigkeit über diese „Vertraulichkeitsgrenze" herzustellen.

Die wichtigste Regel, bevor Sie als Mentor „JA!" sagen:

Nehmen Sie nur Aufträge an, die Sie genau kennen und mit denen Sie innerlich einverstanden sind!

2. Rollenklärung nach innen: Vielfalt im Mentoring

Das weite Spektrum verschiedenster Erwartungen an das Mentoring wurde bereits entfaltet. Menschen unterscheiden sich in der Motivation, mit der sie eine Mentorentätigkeit übernehmen. Diese Vielseitigkeit innerhalb der Mentoren-Rolle soll im Folgenden etwas strukturiert werden.

2.1. Die vier Standard-Rollen

Die Wechselwirkung zwischen dem Erwartungsspektrum *an* Mentoren und dem uneinheitlichen Selbstverständnis *von* Mentoren erzeugt eine nahezu unüberschaubare Vielfalt. Eine intensive Analyse ermöglicht jedoch, diese Komplexität beträchtlich zu reduzieren. Alles, was Mentoren tun sollen und wollen, ist prinzipiell einer von vier Standard-Rollen zuzuordnen: *Lehrer, Vorbild, Netzwerker* und *Coach*. Diese unterschiedlichen Ansätze werden nun skizziert.

Standard-Rollen im Mentoring

1. Der Lehrer (wie der „MENTOR des Odysseus": Wissen weitergeben).
2. Das Vorbild (beim Mentor hospitieren).
3. Der Netzwerker (Kontakte schaffen).
4. Der Coach (die Selbstentwicklung fördern).

2.1.1. Der Lehrer

Hier treffen wir auf die klassische Rolle des namensgebenden Odysseus-Freundes MENTOR: *„Erzähle ihm alles, was du weißt!"* Der Mentor als Lehrer lässt seinen Schüler verbal an seinem Wissen, an seiner Unternehmens-, Berufs- und Lebenserfahrung teilhaben. Ergänzend gestaltet sich die Rolle des Mentees als die eines Fragenden, Zuhörenden und Lernenden. Zumindest unbewusst schwingt bei der Bezeichnung als Lehrer immer auch das Themenfeld „Prüfung, Noten, Zeugnis, Versetzung" mit. Abhängig von der Verschwiegenheitsregelung (☞ Kapitel 1.4) kann diese bewertende Funktion zu der tatsächlichen Rolle des Mentors als Lehrer gehören.

Eine lehrende Rolle wird häufig auch durch andere Unternehmensangehörige ausgeübt. Erfahrene, fachkundige Mitarbeiter erhalten den Auftrag, einen Kollegen (z. B. in der Anwendung einer neuen Software) zu schulen und fachlich zu begleiten (ein Teil der Patenfunktion). Der direkte Vorgesetzte ist (u. a. in disziplinarischen Themen) zur Belehrung seines Mitarbeiters verpflichtet.

Hilfreich ist die Lehrer-Rolle insbesondere dann, wenn bedeutsame Wissensschätze des Mentors nicht „live miterlebt" und nicht vom Mentee selbst erschlossen werden können. Wenn eine hohe Dringlichkeit besteht, kann notwendiges Wissen sehr schnell weitergegeben werden. Häufig ist es für den Mentee eine gute Orientierung, wenn objektive Informationen mit subjektiven Bewertungen des Mentors verbunden werden.

Aber die Lehrer-Rolle birgt viele **Risiken** für das Mentoring: Der Mensch erinnert erzähltes Wissen viel schlechter, als wenn er sich dieses selber erschließt. Wenn der Mentor für den Mentee zur Wissensquelle wird, entsteht auf Dauer eine Abhängigkeit, da mit dem Ende des Mentorings diese Quelle versiegt. Wenn auch ungewollt, signalisiert der Mentor mit seiner Weisheit *„Mach du es so wie ich es getan habe".* Das Spezifikum des Mentors in Abgrenzung zu ebenfalls lehrenden Fachpaten oder Vorgesetzten verschwimmt. Sollte der Mentor keine uneingeschränkte Schweigepflicht besitzen, verschlechtert die Lehrer-Rolle zusätzlich das Vertrauensverhältnis und erschwert einen partnerschaftlichen Dialog.

Dem lehrenden Mentor sei empfohlen, seinen „Schüler" so weit wie möglich aus der passiven Rolle heraus zu holen. Eine aktivierende Methode, die auch für den Lehrer bestens geeignet ist, stellt das „Führen durch Fragen" dar. Details dazu finden Sie im Werkzeugkapitel (☞ Kapitel 5.1).

2.1.2. Das Vorbild

Hier gibt der Mentor seine „Schätze" nicht mündlich weiter, sondern macht sie „live erlebbar". Dies ereignet sich großteils in Form von „*Shadowing*": Der Mentee begleitet seinen Mentor wie ein Schatten durch den Arbeitsalltag und lernt am Vorbild. Am Ende jedes Begleitungstages ist ein Reflexionsgespräch notwendig, in dem die Eindrücke des Mentees ausgewertet und auf Lernchancen überprüft werden.

Zum *Vorbild* auf der einen Seite gehört der *Bewunderer* auf der anderen Seite. Erkennt ein Mentee seinen Mentor aber überhaupt als Vorbild an? Dies hängt entscheidend vom Verfahren ab, in dem die Beiden zueinander gefunden haben. Falls ein Mentee sich seinen Mentor frei wählen kann, bevorzugt er tendenziell jemanden, den er bewundert (☞ Kapitel 6.1). Andere Untersuchungen zeigen allerdings auch, dass Mentees sich gerne ihre Begleiter (nur) nach dem Kriterium einer hohen Fachkompetenz wählen.

Hilfreich ist die Vorbild-Funktion, wenn dem Mentee einmalige Business-Erfahrungen ermöglicht werden, die durch kein Lehrbuchwissen und keine eigenen Erlebnisse ersetzbar sind. Ein guter Mentor vermittelt sein persönliches Management-Konzept nicht als absolut und objektiv richtig. Er unterstützt seinen Schützling darin, das Vorbild nur als Anregung zu sehen und seinen ganz persönlichen Weg zu entdecken. Auch der Mentor kann übrigens von einem persönlichen Feed-back seines lernenden Begleiters profitieren!

Einige **Risiken** der Lehrer-Rolle gelten auch für das Vorbild: Lernen durch Zuschauen ist nur geringfügig ergiebiger als Lernen durch Zuhören. Die Abhängigkeit von der „Lernquelle" bleibt genau so bestehen wie der Eindruck „*du sollst so werden wie ich*". Selten weisen die Persönlichkeit und die berufliche Aufgabe des Mentors eine sehr hohe Übereinstimmung mit der Persönlichkeit und den angezielten Aufgaben des Mentees auf – nur dann würde das Vorbild „richtig passen". In wirklich kritischen und entscheidenden Situationen ist zudem die Anwesenheit eines *Schattens* aus arbeitsrechtlichen oder strategischen Gründen gar nicht möglich (Kritikgespräche mit Mitarbeitern, vertrauliche Planungen mit dem Vorstand usw.).

2.1.3. Der Netzwerker

Ein dichtes Beziehungsnetz ist unverzichtbar, wenn Menschen in Organisationen vorankommen wollen. Es ist naiv davon auszugehen, dass sich dieses Netz durch gute Arbeitsleistung und ein freundliches Wesen nahezu von selbst entwickelt.

Networking dient der gegenseitigen Unterstützung und ist nicht mit *Seilschaften* zu verwechseln, deren Mitglieder sich mit überwiegend unfairen Methoden *gegen* andere wenden. Nicht wenige Mentees dürften die Bedeutung guter Netzwerke unterschätzen; bei dieser Überzeugungsarbeit muss der Mentor ansetzen.

Networking wird praktiziert, indem der Mentor

- seinen Schützling zu wichtigen Veranstaltungen / Personen mitnimmt;
- bei einflussreichen Personen „ein gutes Wort für seinen Mentee einlegt";

- eigene Erfahrungen beim Netzwerkaufbau an seinen Schützling weiter gibt,
- Eigeninitiativen des Mentees coachend begleitet;
- …

Vermutlich wird sich ein Mentor nur im Ausnahmefall auf die Networking-Rolle beschränken. Der Kontaktaufbau für den Mentee kann in Kombination mit den anderen Mentoring-Rollen geschehen. Insbesondere beim *Shadowing* bieten sich für den Mentee „Anknüpfungspunkte", wenn er seinen Mentor zu wichtigen Gesprächen begleitet.

Die **positive Bedeutung** des Networkings ist kaum zu überschätzen und die Anbahnung wichtiger Kontakte ist durch nichts zu ersetzen.

Ein **Risiko** für den Mentee entsteht dann, wenn die vermittelten Kontakte sehr einseitig nur zu bestimmten Fraktionen bestehen oder gar Richtung *Seilschaft* gehen. Falls das hierarchische Gefälle im Mentoring sehr groß ist, überlappt sich das für den Mentee hilfreiche Netzwerk u. U. nur wenig mit dem „*High-Potential-Netzwerk*" des Mentors.

> Leseempfehlung für das Networking:
>
> Neuberger, O. (2002). *Führen und führen* lassen (Kapitel 10: Führung und Mikropolitik).

2.1.4. Der Coach

Wenn der Mentor die Selbstentwicklung sowie das eigenständige Profil seines Mentees fördert und zu dessen Horizonterweiterung beiträgt, dann *coacht* er ihn. Zweifellos handelt es sich hierbei um die anspruchsvollste Aufgabe. Ausführungen zur Coaching-Rolle können hier kurz gehalten werden, da sich der Großteil des Buches mit dem coachenden Mentor befasst.

Coachingkompetenz kommt dem Mentor auch in den anderen drei Rollen zugute. Das vermittelte oder erlebte Wissen und die angebahnten Kontakte müssen im Gespräch aufgearbeitet werden, damit der Mentee sie optimal nutzen kann. Diese Schritte der Abstrahierung, Deutung und Übertragung in den Alltag muss der Mentee selbst tun. Der Mentor kann und soll diesen Prozess unterstützen. Alle drei später vorgestellten kommunikativen Instrumente helfen dabei (☞ Kapitel 5).

Natürlich ist es denkbar, dass ein geschickter Mentor mehrere Rollen in seiner Person und in einem Prozess vereinigt. Coaching und Networking lassen sich am einfachsten verbinden und ergänzen einander gut. Die Konzepte von Lehrer und Vorbild stehen jedoch in einer inneren Spannung zum Coach und bieten viele Ansatzpunkte zur Rollenkonfusion, wenn sie zeitgleich praktiziert werden. Zwar wurde bereits skizziert, dass die Coachingkompetenz bei der Reflexion von Gelerntem oder Erlebtem immer hilfreich ist. Aber der Mentor sollte sich eindeutig entscheiden, welche der drei Rollen die dominante und überwiegend praktizierte ist. An *dieser* Rolle müssen Gesamtkonzept und Methodik ausgerichtet werden.

Es kann allerdings sinnvoll sein, dass sich die Rollen während eines längeren Mentoring-Prozesses abwechseln. Am Beginn steht der wissensvermittelnde Lehrer, der seinen „Neuling" möglichst schnell und intensiv in das Unternehmen oder in die Führungsaufgabe hinein führt. Nach einiger Zeit nimmt sich der Lehrer immer weiter zurück und macht der Coaching-Rolle Platz, die nun den Fokus auf das Selbstständig-Werden legt. Dieser „Verwandlungsprozess" sollte auf jeden Fall mit dem Mentee offen besprochen werden!

> **Je eindeutiger die Rolle des Mentors ist, desto einfacher gestaltet sich der Prozess für beide Seiten!**

2.2. Mentoren-Rollen und Mentees-Zielgruppen

Weiter oben haben Sie gelesen, dass die Mentees sich in die Gruppen der Unternehmensneulinge, Nachwuchsförderkräfte und Langzeitbegleiteten differenzieren lassen. Wie verhalten sich diese Unterschiede zu den verschiedenen Rollen der Mentoren auf der anderen Seite? Um zu dokumentieren, welche Zusammensetzung „gut passt", bilden wir beide Dimensionen in einem Zwölffelderschema ab.

Die Tabelle zeigt an, welche Kombinationen von Mentee-Zielgruppe und Mentor-Standard-Rolle geeignet (+) oder sehr geeignet (++) sind. Dabei handelt es sich natürlich um Generalisierungen, die nicht jedem Einzelfall entsprechen.

Mentee / Mentor	Lehrer	Vorbild	Netzwerker	Coach
Neuling	+		+	++
Nachwuchsförderung	+	+	+	++
Langzeitbegleitung			+	++

Die Rolle des Mentors als Coach (Förderer) erscheint unabhängig von der Zielgruppe also immer sehr hilfreich für seinen Partner. Gleichzeitig stellt das Coaching die höchsten Anforderungen an den Mentor, da hier Fähigkeiten verlangt werden, die nicht unbedingt zum Repertoire eines „durchschnittlichen" Managers gehören. Die anderen drei Funktionen entsprechen stärker dem Führungsalltag, wobei jemand mit guter Coachingkompetenz dadurch sicher auch seine „Lehrerkompetenz" steigert.

 | **Coachingkompetenz passt im Mentoring immer!**

Die coachende Rolle stellt also nicht nur die schwierigste Aufgabe für den Mentor dar, sondern ist auch für die meisten (eigentlich alle) Mentees sehr geeignet. Ein Grund mehr, sich fortan überwiegend auf die dafür erforderliche Coachingkompetenz des Mentors zu konzentrieren …

2.3. Mentoren-Typen: Es gibt diese und jene …

Vom Förderer zum Mentor

Die Weltgeschichte kennt unzählige Beispiele der Förderung weniger einflussreicher Menschen durch Mächtige. Gewaltig war die Zahl der Fälle, bei denen Außenstehende die Begünstigung als ungerecht und die Motive der Fördernden als unlauter erlebten. Wenn (Kirchen-) Fürsten, Politiker, Unternehmer oder andere Mächtige ihre nahen oder fernen Angehörigen mit guten Positionen versorgen, sprechen wir von Nepotismus[2]. Eine Dreiteilung der Motive liegt nahe:

1. Die Förderung geschieht zum Vorteil des Geförderten.
2. Die Förderung erfolgt zum Wohle der Institution (des Unternehmens), dem Förderer und Geförderter verpflichtet sind.
3. Der Förderer verspricht sich einen eigenen Vorteil, z. B. durch die Dankbarkeit des Geförderten oder indem er „seine Leute" in bestimmte Positionen bringt.

Natürlich treten häufig Mischformen aller drei Motive auf. Aber spätestens wenn zwei Motive in Konkurrenz zueinander geraten, wird sichtbar, wo die Pri-

---

[2] Nepotismus (wörtl.): Vetternwirtschaft

orität liegt. Beispielsweise: Ein Mentee, den das Unternehmen unbedingt halten möchte, informiert seinen Mentor vertraulich über das Traumangebot eines Konkurrenzunternehmens und möchte dies unbedingt annehmen. Verfolgt der Mentor nun seinen informellen oder offiziellen Auftrag, den Mentee für das eigene Unternehmen zu sichern – oder stützt er den Mentee darin, für dessen eigene Zukunft den besten Weg zu finden?

Förderer und *väterlicher Freund* heißen zwei Begrifflichkeiten, die dem Mentor eng verwandt sind. Werden sie wörtlich genommen, ist in einem Unternehmen sicher der größte Teil aller dort Tätigen in irgendeiner Form als „Freunde und Förderer" für andere tätig und wird selber gefördert. Diese Vielfalt lässt sich mithilfe der Mentorenregel „muss einer höheren Hierarchieebene angehören" deutlich reduzieren. Dennoch bleibt eine Fülle von Managern, die sich hinsichtlich Motivation und eigener beruflicher Situation deutlich unterscheiden. Stark vereinfachend ordnen wir sie drei „Archetypen[3]" von Mentoren zu.

Der Ehrgeizige: Eine junge Führungskraft ist noch „nahe dran" an der Lebenswelt ihrer Mentees. Sie könnten fast Kollegen (im Familienbild: Geschwister) sein. Es mag ihrer eigenen Entwicklung und ihrem Fortkommen im Unternehmen dienen, wenn sie sich für andere einsetzt. Ein Engagement über das arbeitsvertraglich Geregelte hinaus ist Vorbedingung für die eigene weitere Karriere. Vielleicht ist sie bereit, die Förderung, die sie selber bisher erfahren hat, dankbar an etwas Jüngere weiter zu geben. Die Anfrage, Mentor zu werden, erfolgt meist durch höhere Vorgesetzte oder durch die Personalentwicklung.

Der Einflussreiche: Ein gestandener Manager hat den größeren Teil seines Karriereweges bereits zurückgelegt. Sein Netzwerk ist durch langjährige Berufserfahrungen, durch Unternehmens- und Positionswechsel weit geknüpft. Die meisten Mentees gehören schon einer anderen Generation an, könnten seine Kinder sein. In ihm ist so viel „Humankapital" angehäuft, dass es seiner Organisation keinesfalls verloren gehen darf. So mancher Manager möchte Personen fördern, damit seine Philosophie irgendwann in einer neuen Managergeneration fortlebt. Andere wollen oder können nicht mehr um einen weiteren Karriereaufstieg kämpfen und suchen im Mentoring eine neue Herausforderung oder Bestätigung. Der Einflussreiche entscheidet sich häufig aus eigenem Antrieb für das

---

[3] Archetyp (griech.): Urbild, Urform

Mentoring; gelegentlich wird er durch Mentees, Unternehmensleitung oder Personalentwicklung um diesen Dienst gebeten.

Der Mäzen[4]: Dem Mächtigsten der Einflussreichen gehört das ganze Unternehmen oder zumindest ein Teil davon. Er hat (fast) alles erreicht. Aus verschiedenen Motiven entschließt er sich zur Förderung von Menschen, die (hierarchisch, materiell und biologisch) in großem Abstand zu ihm leben. Im Familienbild sind es die Enkel. Vielleicht möchte er sich ein Denkmal setzen. Ein Mäzen gibt natürlich auch sein Wissen weiter, aber seine große Wirkung liegt in der Macht, viele Wünsche mühelos in Realität überführen zu können. Kaum jemand würde es wagen, den Mäzen um Mentoring zu bitten. Er entscheidet selber, dass und wen er fördern möchte.

Tabellarisch zusammengefasst hier noch einmal die wesentlichen Unterschiede der drei „Mentoren-Archetypen":

Mentoren-Archetypen

Mentoren-Typ	Mentees sind wie seine	Häufige Motive	Ansprache durch	geeignete Funktionen			
				Coach	Lehrer	Vorbild	Netzwerker
Ehrgeiziger	Geschwister	• Vorteil für eigene Karriere • Lernchance	• Vorgesetzte • PE	++		+	+
Erfolgreicher	Kinder	• Wissen weitergeben • eigene Philosophie weiterleben lassen • Unternehmenszukunft sichern • Dankbarkeit • neue Herausforderung • Sympathie	• Unternehmensleitung • Mentees • eigene Entscheidung	++	+	+	++
Mäzen	Enkel	• Unternehmenszukunft sichern • Sympathie • Denkmal setzen • Dankbarkeit • eigene Philosophie weiterleben lassen	• eigene Entscheidung	+	+		++

---

[4] Mäzen (lat.): freigiebiger Gönner und Geldgeber, meist für Künstler

Nun ist die Stelle erreicht, um die aufgebaute Komplexität der Mentorenfunktion für den weiteren Verlauf wieder zu reduzieren. Ein Mäzen benötigt keine (oder nur eine sehr spezifische) Lektüre über das Mentoring. Wir konzentrieren uns fortan auf die größten Zielgruppen (Nachwuchsführungskräfte und Unternehmensneulinge) sowie auf die schwierigste Mentoring-Rolle (Coaching).

> **Im Fokus aller weiteren Ausführungen stehen Mentoren mit einem unternehmensoffiziellen Auftrag, die Unternehmensneulinge oder Nachwuchsförderkräfte unterstützen und ihre Coachingkompetenz ausbauen möchten.**

3. Rollenklärung nach außen:
der Mentor zwischen Chef und Coach

Zu Aufgabe, Auftrag und verschiedenen Funktionen des Mentors wurde bereits Wesentliches beleuchtet. Nun soll seine Position in der Landschaft anderer unterstützender Rollen beschrieben werden. Wir versprechen uns durch das Herausarbeiten von Unterschieden und Gemeinsamkeiten ein tieferes Verständnis des Kerns der Mentorenrolle, eine bessere Zusammenarbeit mit anderen Unterstützern sowie Ansatzpunkte für die Qualifizierung und das Methodeninventars eines Mentors.

3.1. Zwischen alltäglicher Führungsarbeit und Psychotherapie

Ein ganzes Spektrum von Berufsrollen arbeitet mit mehr oder weniger stark ausgeprägter Coachingkompetenz, um Organisationsmitglieder in ihrer beruflichen Entwicklung zu unterstützen. Diese Vielfalt wird auf einen Seite „eingerahmt" von der alltäglichen Führungsaufgabe eines Managers, der sich nicht als Coach, sondern eher als Anleiter oder Kontrolleur versteht. Auf der anderen Seite muss spätestens dann eine Grenze gezogen werden, wenn es inhaltlich nicht mehr vorrangig um berufliche Themen geht, sondern der Mensch mit seinem Leiden oder mit stark beeinträchtigenden Persönlichkeitsmerkmalen im Vordergrund steht. Hier ist die Kompetenz des Psychotherapeuten gefragt – und statt der Personalentwicklung kommt (finanziell) die Krankenkasse ins Spiel.

Was sich zwischen den beiden Grenzen (alltägliche Führungsarbeit und Psychotherapie) an Möglichkeiten auftut, hat Looss (1999, S. 146) tabellenartig dargestellt. Sie finden die Abbildung auf der nächsten Seite.

Zwischen der Führungskraft und dem Therapeuten sind dort der coachende Vorgesetzte, der Mentor, der interne und externe Coach aufgereiht.

Während die erforderliche Beratungskompetenz, die Neutralität und die Intensität der Themen „von unten nach oben" (vom Vorgesetzten bis zum Therapeuten) ansteigen, verhält es sich mit dem Unternehmenswissen und dem „Stallgeruch" vice versa.

Jeder Rolle sind in diesem Diagramm Themen und Aufträge zugeordnet, die ihrer Kompetenz ideal entsprechen.

Geringere Fach- und Detailkompetenz im Praxisfeld

Höhere beraterische Kompetenz

Höhere Eingriffsintensität

Störungsintensiver Anlaß

	Externer Coach	Interner Coach	Mentor	Vorgesetzter

Psychotherapie

Intensives personenzentriertes Coaching

Verhaltenstraining

Training von Fertigkeiten

Erweiterung des Wissens

Unterricht

Instruktion

Klärungsgespräch

Mitarbeitergespräch

Anleitung

Unterweisung

Führungsarbeit

Persönliches Leiden
Berufliche Krisen
Emotionale Probleme
Deutliche Kontaktprobleme

Einschränkung der Arbeitsfähigkeit

Dauerhafte Störungen im Verhalten
Persönliche Lebensplanung
Selbstentwicklung

Zusätzliche Fertigkeiten

Neues Wissen

Hinweise zur Leistungsverbesserung

Aufstiegsmöglichkeiten im Unternehmen

Verhaltenshinweise

Fachliches Detailwissen

Vorübergehende Leistungseinschränkungen
Kleine Störungen bei der täglichen Arbeit

1. „Der **coachende Vorgesetzte** unterweist, leitet an, führt Mitarbeitergespräche, setzt sein fachliches Detailwissen ein, gibt Verhaltenshinweise und sorgt für Aufstiegsmöglichkeiten im Unternehmen.

2. Der **Mentor** führt Klärungs- und Instruktionsgespräche, arbeitet mit dem Mentee an Leistungsverbesserungen, dem Erwerb neuen Wissens, zusätzlichen Fertigkeiten und Aufstiegsmöglichkeiten im Unternehmen.

3. Auch dem **internen Coach** geht es um Erweiterung des Wissens, Training von Fertigkeiten und Verhaltenstraining. Er ist zuständig, wenn es um Selbstentwicklung, persönliche Lebensplanung oder dauerhafte Störungen des Verhaltens geht.

4. Intensives personenzentriertes Coaching bleibt dem **externen Coach** vorbehalten. Insbesondere bei deutlichen Problemen in Kontakten oder im emotionalen Bereich sowie in beruflichen Krisen und bei persönlichen Leidenssituationen ist er der Spezialist.

So hilfreich und einfach diese Aufteilung ist, in der Praxis zeigen sich schnell Grenzen: Vermutlich wird es keinen Manager und keinen Mitarbeiter geben, dem zeitgleich ein coachender Vorgesetzter, ein Mentor, ein interner und ein externer Coach sowie ein Therapeut zur Verfügung stehen. Wer schon einen Mentor hat, dem wird selten ein zusätzlicher Coach bewilligt; ein intensiv coachender Vorgesetzter sieht vielleicht schon im Mentor keine Notwendigkeit und ein verantwortungsbewusster Coach empfiehlt seinem Klienten, das Coaching so lange ruhen zu lassen, bis eine notwendig gewordenen Therapie beendet ist.

Im Normalfall steht einem Manager oder Mitarbeiter vielleicht *eine* unterstützende Rolle zur Verfügung. Dies bedeutet für die Berater, dass sie Themen und Anforderungen „aus der Grauzone" (also unmittelbar über oder unter ihrer Beratungsebene) im Prinzip mit bearbeiten können / müssen, da dafür sonst niemand zur Verfügung steht.

Zoomen" wir nun aus der Looss-Tabelle den Mentor mit seinen Nachbarn heraus. Diese Vergrößerung zeigt deutlich: Während an den coachenden Vorgesetzten und den Coach komplementär entweder besonders hohe oder besonders niedrige Mindestanforderungen gestellt werden, findet sich der Mentor in fast allen Dimensionen auf einem mittleren Niveau zwischen den beiden anderen Rollen wieder. Zwischen Vorgesetztem und Coach leistet er die Unterstützung, die der eine nicht mehr leisten kann und der andere noch nicht leisten soll.

Wie weiter oben schon erwähnt, sind die beraterischen „Nachbarn" des Mentors in der Unternehmenswirklichkeit eher selten gleichzeitig anzutreffen. Entweder besitzt der Vorgesetzte keine Coachingkompetenz oder ein Coach ist nicht vorhanden bzw. wird (aus Kostengründen) nicht beauftragt. Der Mentor kann oder muss also seine „Grauzone" oft ausdehnen und die Felder einer anderen Beratungsebene teilweise mit abdecken.

Im Vergleich mit dem coachenden Vorgesetzten handelt es sich um ein Pflichtprogramm: Was der kann, muss ein Mentor auch beherrschen.

Bezüglich des „Nachbarn" Coach sieht es anders aus. In der Beratungskompetenz und Neutralität sind die (Mindest-)Anforderungen an den Coach höher. Hier läuft also die Kür: Der Kompetenzentwicklung des Mentors sind nach oben kaum Grenzen gesetzt, aber es darf nicht erwartet werden, dass er *alle* beraterischen Anforderungen erfüllt, die für einen Coach gelten.

Schauen wir nun zusammenfassend auf das Pflicht- und Kürprogramm, auf Kompetenzen und Methoden, die damit verbunden sind.

Mindestanforderungen

Ausprägung von ...	coachender Vorgesetzter	Mentor	Coach
Fachkompetenz	mittel	mittel	niedrig
Unternehmenswissen (Stallgeruch)	sehr hoch	sehr hoch	niedrig
Beratungskompetenz	mittel	hoch	sehr hoch
Eingriffsintensität	niedrig	mittel	hoch
Hierarchie-Gefälle	hoch	mittel	niedrig
Neutralität	niedrig	mittel	sehr hoch

3.2. Abgrenzung: der direkte Chef mit Coachingkompetenz

Warum lesen Sie in einem Mentoring-Buch etwas über direkte Vorgesetzte? Dafür gibt es zwei gute Gründe:

1. Ein guter Vorgesetzter sollte über beraterisches Handwerkszeug verfügen, das auch für den Mentor zur Basisausstattung gehört.

2. Die Schnittstelle zwischen den Aufgaben von Führungskraft und Mentor soll möglichst genau definiert werden.

Es gehört zu den originären Aufgaben jeder Führungskraft, bei Problemen ihrer Mitarbeiter unterstützend einzugreifen. Dies gelingt auf Dauer nur, wenn eine tragfähige Beziehung existiert. Zum Beziehungsaufbau und für die angemessene Unterstützung benötigt ein guter Vorgesetzter prinzipiell **Coaching-Kompetenz** (Bayer, 1995). Worin diese besteht, wird in diesem und im Folge-Kapitel näher erläutert.

Hier steht der Begriff *Coaching* als Synonym für ein besonderes Führungskonzept. Der Vorgesetzte wird, wie ein passender Vergleich aus dem Sport besagt, quasi zum *„Spieler-Trainer"* (Friederichs, 1997).

In dem coachenden Führungsverhalten des direkten Vorgesetzten sollten die „sanften" Aspekte des Betreuens und ehrlichen Rückkoppelns möglichst stark vertreten sein (Kastner, 1993).

Insbesondere Personen des mittleren Managements, die zwischen Chef und Mitarbeitern, Kunden und privaten Ansprüchen „sandwichartig" eingequetscht sind, benötigen einen Vorgesetzten mit coachendem Führungsverhalten, der ihnen die notwendige Entlastung gewährt (Kastner, 1993).

Coaching durch direkte Vorgesetzte verfolgt also die Ziele, die Selbstentwicklung und die Selbstständigkeit des Mitarbeiters zu fördern sowie ihn in schwierigen Situationen zu stützen. Diese Zieldefinitionen könnten von Mentoren und Coaches problemlos für deren Arbeit übernommen werden. Allerdings entstehen für den Vorgesetzten und für den Mitarbeiter durch ihre Rollen und Abhängigkeiten schnell Zielkonflikte.

Daher warnen verschiedene Fachleute davor, Coaching kritiklos als Teil der Führungsaufgabe zu sehen. So befürchtet Looss (1997): Die amerikanische Gepflogenheit, Coaching als reguläre Führungsaufgabe von Vorgesetzten zu definieren, ist wegen kulturell anders gelegener Grenzen zwischen Berufsleben und Privatheit, Rolle und Person nicht auf Deutschland übertragbar. Es ist unklar, wo der Unterschied zwischen Coaching und normaler guter Führungsarbeit liegen soll. Wenn sich die Führungskraft auf ein beziehungsorientiertes Beratungsgeschehen einlässt, entsteht Beziehungskonfusion: Selbst eine kommunikativ gut ausgebildete Person bleibt in den Augen des Mitarbeiters der für Bewertung, Auf- und Abstiegsmöglichkeiten Verantwortliche. Der Vorgesetzte gerät fast automatisch in die Rolle, sich *„als leistungsbewertender Wolf im partnerschaftlichen Schafspelz des Beraters aufzuführen"* (Looss, 1997). De facto handelt es sich um unternehmenszielorientierte Einflussnahme auf das Verhalten des Mitarbeiters, ein legitimer Prozess, von dem der Mitarbeiter auch weiß. So gibt es keinen Grund, dies durch einen beraterisch umschriebenen Deckmantel zu verschleiern. Möglicherweise unterschätzt das Management die Problematik des Vorgesetzten als Coach, weil es durch Wertewandel und Individualisierung immer weniger Einfluss- und Kontrollmöglichkeit auf das berufliche Handeln des Mitarbeiters hat und für jeden neuen Ansatz in diese Richtung dankbar ist. Aber: *„Beratung kann immer nur soweit stattfinden, wie die Interessen des Beratenen im Spiel sind. In dem Moment, wo andere Interessen das Beratungsgeschehen beeinflussen, ... ist Beratung schlichtweg am Ende."* (Looss, 1997)

Weitere Bedenken schränken die Wirksamkeit des coachenden Vorgesetzten ein (Rauen, 2003).

Gegen das Coaching durch Vorgesetzte spricht ...

- die Qualifikation des Vorgesetzten muss über einen längeren Zeitraum aufgebaut werden (umfangreiche und kostenintensive Zusatzausbildung);
- umfassendes und aktuelles Know-how aus anderen Organisationen fehlt in der Regel;
- der Vorgesetzte hat neben seiner coachenden Tätigkeit zu viele andere Pflichten. Er kann sich nicht so stark spezialisieren wie ein (hauptberuflich tätiger) Coach;
- Coaching durch den organisationseigenen Vorgesetzten ermöglicht nahezu nie Ergebnisse, die organisationsintern neu sind;
- die Freiwilligkeit (insbesondere der freiwillige Beginn und ein sanktionsfreies Beenden) des Coachings muss bezweifelt werden – selbst wenn diese formal zugesichert wird.

Werden diese Bedenken positiv umformuliert, ergeben sich daraus Rahmenbedingungen (Rauen, 2003).

Coaching durch Vorgesetzte kann gelingen, wenn ...

- Mitarbeiter entwicklungsorientiert geführt werden *wollen*;
- im Vorfeld klar ist, dass hauptsächlich berufliche Aspekte zu thematisieren sind;
- die Interessen des Gecoachten mit denen seiner Organisation übereinstimmen;

- nicht notwendigerweise bisher (organisationsintern) unbekannte Lösungen gefunden werden sollen;
- fachliche Fragen mit einer auch kontrollierenden und bewertenden Führungskraft vertieft aufgearbeitet werden sollen;
- Unterstützung beim Aufbau von Führungskompetenz gesucht wird;
- dem Vorgesetzten für seine coachende Tätigkeit Zeiträume zur Verfügung gestellt werden;
- der Vorgesetzte die notwendigen persönlichen Voraussetzungen mitbringt.

Wie sehen diese persönlichen Voraussetzungen aus?

Der direkte Vorgesetzte muss nach Bayer (1995) sechs Kriterien erfüllen, um seine Mitarbeiter coachend unterstützen zu können:

1. Ein angemessenes Welt-/Menschenbild besitzen,
2. hoch sozial kompetent sein,
3. über passende Mitarbeiter (mit hohem Reifegrad) verfügen,
4. ein Methodenrepertoire beherrschen,
5. kontinuierlich Feed-backs geben und einfordern,
6. einen eigenen Coach besitzen.

Helfen diese Bedenken, Rahmenbedingungen und Forderungen weiter? Sie erzeugen den Eindruck, dass Coachingkompetenz prinzipiell von Vorgesetzten erwartet werden darf. Aber sie beschreiben auch, wie kompliziert die Verknüpfung von fördernder und kontrollierender Funktion ist.

Uns interessiert der Vorgesetzte hier in der Abgrenzung zum Mentor. Für diesen treffen viele der obigen Bedenken gar nicht oder nur reduziert zu.

Denn im Vergleich mit dem direkten Vorgesetzten besitzt der Mentor ...

1. häufig die Zugehörigkeit zu einer noch höheren Führungsebene, aber
2. keinen direkten disziplinarischen Zugriff,
3. eine etwas größere Unabhängigkeit und Neutralität,
4. hoffentlich eine ausgeprägtere kommunikative und beraterische Kompetenz,
5. (noch) mehr Berufs-/ Unternehmenserfahrung,
6. eine etwas größere Distanz zum aktuellen Geschehen des Berufsalltags,
7. einen ausdrücklichen Unterstützungs-/ Begleitungsauftrag,

8. häufig Verschwiegenheitspflicht (☞ Kapitel 1.4), aber auch

9. manchmal Berichtspflicht.

Wir können also keine eindeutige Antwort auf die Frage geben, ob und wann ein Vorgesetzter coachen soll. Dennoch kann ein Mentor einiges von guten Managern übernehmen. Dazu gehört insbesondere ein Führungsinstrument, das von Vorgesetzten, Mentoren und Coaches gleichermaßen Gewinn bringend genutzt werden kann. Es handelt sich um das „Führen durch Fragen". Näheres dazu später (☞ Kapitel 5.1).

> **Pflichtprogramm: Was der (coachende) Vorgesetzte kann, muss auch der Mentor beherrschen!**

> Leseempfehlung zur Coachingkompetenz von Managern:
>
> Bayer, H. (1995). *Coaching-Kompetenz: Persönlichkeit und Führungspsychologie.* Basel: Reinhardt.

3.3. Abgrenzung: der Coach

Warum lesen Sie in einem Mentoring-Buch etwas über Coaches? Dafür gibt es zwei gute Gründe:

1. In der Beratungs- und Methodenkompetenz sollte der Coach ein Vorbild sein, von dem Sie so viel wie möglich „abkupfern" dürfen.

2. Ein Mentor, der seine Aufgabe sehr ernst nimmt, benötigt auf jeden Fall gelegentlich selbst ein Coaching. Hier hilft dieses Kapitel, sich für den passenden Coach zu entscheiden.

„Eine Scheibe abschneiden" kann sich der Mentor von einem guten Coach, was die Beratungskompetenz betrifft. Dieser verfügt als professionell arbeitender Begleiter (hoffentlich!) über eine fundierte Beraterausbildung. Selbige benötigt er dringend, wenn er im Coaching seinen Gesprächspartner bei der Bearbeitung von Themen unterstützen soll, die weitaus heikler und bedeutungsschwerer sein können als im Mentoring. Dies gilt sowohl für unternehmensinternes Coaching durch fest angestellte Berater in Stabsfunktion, als auch erst recht für externe Coaches. Weil Vertraulichkeitsgrad, innere und äußere Unabhängigkeit sowie Beratungskompetenz eines Coachs ausgeprägter sind als bei einem Mentor, bleiben sehr tief gehende, die berufliche Zukunft grundsätzlich hinterfragende Themen besser beim Coach aufgehoben.

Kann ein Coach den Mentor ersetzen?

Prinzipiell kann ein guter Coach (fast) alle Themen mit seinem Partner verhandeln, die im Mentoring vorkommen. Ihm fehlen allerdings das Unternehmens-Insiderwissen und hilfreiche Kontakte zur Netzwerkbildung. Diese Defizite lassen sich nur teilweise durch seine hohe Beratungskompetenz ausgleichen. Falls der Mentor einer oberen Führungsebene angehört, liegen die entstehenden Kosten in der Regel übrigens höher als beim externen Coaching.

Ein Mentor kann nicht viel verkehrt machen, wenn er Aus- und Weiterbildungsangebote für sich nutzt, die primär für Coaches gedacht sind.

Erstes Fazit:

> **Ein guter Coach mit zusätzlichem Unternehmens-Insiderwissen und vielen persönlichen Kontakten wäre der ideale Mentor!**

Coaching und Mentoring besitzen trotz gemeinsamer Grundlagen weitere Unterschiede, die sich am einfachsten tabellarisch gegenüber stellen lassen (auf Basis von Rauen (2003):

Coaching	Mentoring
Zielgruppe sind i. d. R. Personen mit Management-Aufgaben.	Zielgruppe sind junge bzw. neue Organisationsmitglieder.
Wird durch organisationsexterne und -interne Berater durchgeführt.	Der Mentor ist immer ein älteres und erfahrenes Organisationsmitglied.
Keine hierarchischen Beziehungen zwischen externem Berater und Gecoachten (Beziehungsgefälle unerwünscht).	Hierarchische Beziehungen zwischen Schützling und Mentor (klares Beziehungsgefälle).
Der Coach ist als Prozessberater qualifiziert und verfügt über eine Methodenvielfalt.	Der Mentor berät hauptsächlich vor dem Hintergrund seiner Erfahrungen in der Organisation.

Coaching	Mentoring
Berücksichtigung der Probleme des Gecoachten bis in den privaten Bereich.	I. d. R. werden nur Probleme bezüglich der Organisation thematisiert.
Meist relativ hohe Zusatzkosten bei den Varianten mit externem Coach.	Nur organisationsinterne Kosten durch die Zeit für die Beratung können aber bei hochkarätigen Mentoren die Kosten für Coaches übersteigen.
Ausdrückliche Neutralität des externen Coachs.	Als Organisationsangehöriger ist der Mentor nie unabhängig.
Freiwilligkeit als Voraussetzung.	Freiwilligkeit nicht immer gewährleistet.
Hilfe zur Selbsthilfe und „Überflüssig-Werden" als Ziel.	Andauernde Beratung ohne festes Ende?
Ziel: Verbesserung der Leistungsfähigkeit des Mitarbeiters.	Ziel: langfristige Bindung an die Organisation.
I. d. R. mittelfristige Betreuung eines Gecoachten.	Langfristige Betreuung des Schützlings.

3.3.1. Begrifflichkeiten

Nachdem bislang schon häufig von Coaching die Rede war, wird es Zeit, zunächst etwas zur Herkunft und Bedeutung dieses Wortes beizutragen.

Stellen wir drei aussagekräftige Definitionen voran:

Coaching versteht sich als *„Förderung individuellen Selbstmanagements durch Belebung ungenutzter Potenziale zur beruflichen Selbstverwirklichung und Entfaltung weiterer Handlungskompetenzen"* (Astrid Schreyögg in Schreyögg, 1996).

Coaching ist ein *„Personalentwicklungsinstrument, das die Fähigkeit zur Integration und flexiblen Koordination von zunehmend komplexer werdenden Anforderungen unterstützt und zu selbstbestimmten Lösungen führt"* (Roth, Brüning und Edler, 1996).

Ein Coach ist ein *„Träger überdurchschnittlicher Kompetenzen, um tragfähige Beziehungen aufzubauen, soziale Prozesse wahrzunehmen, sie sinnvoll zu deuten, klare und ehrliche Aussagen entsprechend den Erkenntnissen zu treffen und konsequent umzusetzen"* (Looss, 1999).

Vermutlich ist der Coaching-Begriff Anfang der 1970er Jahre durch Singer im angelsächsischen Raum geprägt und etwa zehn Jahre später in Deutschland aufgegriffen worden.

Viele kennen den Coach vorwiegend aus dem Sportgeschehen. Von der dort ist die Bezeichnung in den wirtschaftlichen und psychologischen Bereich übergewechselt. Im Sport ist der Trainer häufig ein *Senior*, eine früher im gleichen Feld aktive Figur mit Hintergrundwissen, die sich nun für Leistungssteigerung und Motivation der anvertrauten Sportler einsetzt. Auch im Sport sind in den letzten Jahren pädagogisch-psychologische Kompetenzen sowie ganzheitliche Ansätze bei der Förderung unverzichtbar geworden. Doch besonders die Figur des *„Beziehungspartners für die Person"* im Umfeld der Leistungserbringung macht die Analogie zwischen sportlichem und Management-Coach sinnvoll (Looss, 1997).

Beim Coaching handelt es sich, analog der ursprünglichen Wortbedeutung „Kutsche", um einen *„kuscheligen Ort, an dem der Mensch all seine Gefühle, Fragen oder Sorge ausbreiten kann"* (Schreyögg, 1997).

Ironisch weitergedacht könnte Coaching die „Kutsche" sein, die psychologische Maßnahmen in einen attraktiven neuen Markt befördert (König, 1996).

Wolf (1995) sieht in dem großen Spektrum des Begriffsverständnisses von Coaching einen Minimalkonsens lediglich darin, dass es sich *weder* um Therapie, *noch* um herkömmliches Training handelt.

Die Allergie deutscher Führungskräfte vor allzu Psychologischem umgeht der Gebrauch der anglizistischen Vokabel *Coaching* (Kastner, 1990). Neben der sehr wörtlichen Übersetzung mit Einpauken und Trainieren empfiehlt Kastner eine Erweiterung des Wortfeldes um *„betreuen"*, *„beraten"*, *„begleiten"*, *„Feedback geben"*, *„psychotherapeutische Hilfe"*, *„Unterstützung durch Mentoren oder Paten"* und *„Protektion"*.

3.3.2. Warnung vor Scharlatanerie

Aber Achtung! Nicht jeder Coach ist ein gutes Vorbild für einen Mentor! Auf dem Beratermarkt ist viel Wildwuchs anzutreffen. Da der Coaching-Begriff ungeschützt ist, kann sich jeder selbst ernannte Guru so bezeichnen.

Wie gelingt Ihnen die Unterscheidung zwischen „Spreu und Weizen"? Hierzu drei Ratschläge:

1. Halten Sie sich an Empfehlungen vertrauenswürdiger Personen, die mit einem Coach (oder seiner Organisation) bereits gute Erfahrungen gemacht haben. (Wirklich gute Berater werben selten mit Hochglanzbroschüren und großformatigen Zeitungsanzeigen, da die Weiterempfehlung für sie der beste Werbeträger ist.)

2. Verwenden Sie folgende Check-Liste, die natürlich bei einem Erstkontakt nicht vollständig abprüfbar ist.

Der professionelle Coach besitzt (idealerweise) …

- ein positives Menschenbild,
- eine langjährige, reflektierte Berufs- und Lebenserfahrung,
- mehr Referenzen (von Unternehmen, wegen der Verschwiegenheitspflicht seltener von Einzelpersonen) als Hochglanzprospekte,
- Seriosität, Verschwiegenheit, Verlässlichkeit, Integrität,
- mehrere (akademische) Vorbildungen,
- eine fundierte Coaching-Ausbildung,
- eine ausgeprägte Sozial- und Kommunikationskompetenz,
- eine gute Kenntnis seiner eigenen Grenzen,
- die Unabhängigkeit, nicht jeden Auftrag anzunehmen,
- ein komplexes Methodeninventar,
- einen eigenen Coach / Supervisor,
- die ausgeprägte Bereitschaft zum lebenslangen Lernen.

In abgeschwächter Form gilt diese Aufzählung übrigens auch als Prüf-Standard für den professionellen Mentor!

3. Inzwischen gibt es in Deutschland einige Dachverbände von Coaches, die von ihren Mitgliedern eine hohe beraterische Kompetenz sowie die Akzeptanz berufsethischer Standards verlangen. Die Existenz von „Scharlatanen" in diesen Verbänden darf nahezu ausgeschlossen werden. Wer auf der Suche nach einem guten Coach ist, der findet dort (zumeist kostenfrei) eine kompetente Vermittlungsinstanz. Zwei Beispiele:

- European Coaching Association (www.eca-online.de)
- Interessengemeinschaft Coaching (www.ig-coaching.de)

Auch bei Zusammenschlüssen mehrerer Coaches zu einem Beratungsunternehmen darf erwartet werden, dass dort Qualitätsstandards entwickelt wurden und gegenseitige kollegiale Beratung (oder Supervision) den einzelnen Coach unterstützt. Gelegentlich findet sich auch eine enge Anbindung an eine Hochschule oder an ein wissenschaftliches Institut. Dies bietet die Chance, dass neue wissenschaftliche Erkenntnisse schnell eingearbeitet werden können und die Beratungspraxis wissenschaftlich begleitet wird. Beispielhaft sei hier auf jenes Beratungsunternehmen verwiesen, für das der Autor tätig ist: KASTNER PARTNER CONSULTING (www.k-p-c.org).

3.3.3. Wie coacht der Coach?

Ein guter Coach verfügt über ein umfangreiches Methodeninventar, das er souverän beherrscht. Mehrjährige Aus- und Fortbildungen sowie die langjährige reflektierte Berufspraxis haben ihm bei der Zusammenstellung seines „Werkzeugkastens" geholfen. Von keinem Mentor darf ein vergleichbarer Aufwand erwartet werden. Dennoch gilt auch für diesen, dass er sein (weniger umfangreiches) Methodenrepertoire sehr sicher beherrschen und situationsgerecht einsetzen kann.

Zwei Instrumente aus dem Coaching sind relativ leicht erlernbar und universell einsetzbar. Es handelt sich um den „Kontrollierten Dialog" und das „Systemische Perturbieren". Zusammen mit dem „Führen durch Fragen" geben sie dem Mentor genügend hilfreiche Gestaltungsmöglichkeiten an die Hand. Alle drei Instrumente werden im Kapitel 5 ausführlich vorgestellt.

Wir stellen Ihnen zunächst elf typische Interventionsformen aus dem Coaching vor. Alle sind ohne Einschränkungen auch für das Mentoring geeignet – vorausgesetzt natürlich, dass sie vom Mentor kompetent beherrscht werden. „Picken" Sie sich das heraus, wo Sie sich sicher fühlen. Es ist dringend anzuraten, vor dem ersten Einsatz mit einem „Sparringspartner" (am besten einem Coach oder einem erfahrenen Co-Mentor) die Anwendung zu trainieren. Die Liste basiert auf Looss (1999).

1. **Zuhören und zusehen:**

   Der Gesprächspartner darf verbal alles loswerden, was ihn bewegt, bedrückt, beschäftigt. Der Coach hört und sieht „bedingungslos" zu. Untertöne und nonverbale Signale sind hiermit gemeint. (Besonders hilfreich: der „Kontrollierte Dialog" ☞ Kapitel 5.2)

2. **Nachfragen:**

   Der Coach ist neugierig, zeigt Interesse an der Person und Situation des Partners. Fragen aus einem ganz anderen Bezugssystem können diesen überraschen oder gar konstruktiv verwirren. (Dies entspricht dem systemischen Fragen und Perturbieren ☞ Kapitel 5.3)

3. **Rekonstruieren:**

   Coachees können ihre Anliegen häufig nur diffus umschreiben, da eigene, gewohnte Deutungsmuster versagt haben. Genau deswegen suchen sie das Coaching auf. In der Rekonstruktion wird haarklein nacherzählt, besser sogar: nachgespielt, was in einer kritischen Situation geschehen ist. Durch Rollentausch und andere perspektiverweiternde Methoden gelingt eine treffendere Problemformulierung (Schreyögg, 1996).

4. **Den Selbstausdruck fördern:**

   Offiziell geht es im Beruf immer nur um die Sache! Manager (insbesondere Männer, vor allem mit technischen Ausbildungen) müssen häufig erst wieder lernen, sich emotional oder ganzheitlich auszudrücken. In einem sanktionsfreien Raum und mit nonverbalen Unterstützungsformen hilft der Coach als „Sparringspartner" bei der Herausbildung dieser Kompetenz.

5. **Bedeutungen klären:**

   Fast jede Institution entwickelt ihren eigenen Jargon, der außerhalb gar nicht oder missverstanden wird. Diese sprachliche Komponente oder auch Verhaltensspezifika werden vom Coach hinterfragt und damit aufgebrochen. Das ist für den Partner besonders beim Arbeitsplatz- oder Unternehmenswechsel wichtig. (Mentoren sind hier manchmal kompetenter, da sie die Insider-Sprache kennen – oder inkompetenter, wenn sie deswegen selbst großflächige blinde Flecken besitzen.)

6. Konfrontieren:

Eigentlich tut „man" im Managementbereich so etwas nicht ... Gerade deswegen bietet der Coach dem Partner die Möglichkeit, Diskrepanzen zwischen Wahrnehmung, Aussagen, Denken und Handeln, zwischen Selbst- und Fremdwahrnehmung zu registrieren und zu bearbeiten.

7. Den Bezugsrahmen verändern:

Ein Problem wird in einen ganz anderen Zusammenhang gestellt – dadurch ergeben sich unglaubliche Lösungsmöglichkeiten. (Dies gehört als Reframing zu den systemischen Werkzeugen 🖙 Kapitel 5.3.)

8. Szenarien durchspielen:

Was-wäre-wenn-Analysen sowie Auflistungen von Vor- und Nachteilen helfen, sich für eine von vielen möglichen Lösungen zu entscheiden.

9. Arbeitsvorschläge machen:

Vorschläge können sich sowohl auf den Inhalt der Coaching-Sitzungen, als auch auf „Hausaufgaben" zwischen zwei Sitzungen beziehen. Sie sollten eine annehmbare Mischung aus Vertrautem und neuen Handlungsempfehlungen beinhalten.

10. Unterstützen:

In „Schwächeperioden" des Partners stärkt und ermuntert der Coach. Aber Vorsicht: Eine Daueranwendung erzeugt Abhängigkeit!

11. (Gelegentlich) erklären und Informationen geben:

Dies gilt für Belange des Coaching-Prozesses, psychologische Gegebenheiten oder Bereiche, in denen der Coach zufällig Fachmann ist. Informationen bilden häufig die Grundlage für weiterführendes Lernen. Aber Vorsicht: Bei den prinzipiell informationshungrigen Managern besteht die Gefahr, dass sie sich auf jede Information stürzen und alle anderen Lernchancen vorerst ausblenden! Die Verantwortung für das Richtige wandert so vom Partner zum Coach. Und wenn etwas nicht funktioniert hat, gibt es gleich einen Schuldigen: Den Coach... Mittel- und langfristig erzeugt diese Interventionsform Abhängigkeiten. Kurzfristig kann sie jedoch – wie ein Medikament – angezeigt und hilfreich sein.

> **Kürprogramm:**
> **Vom (externen) Coach kann der Mentor**
> **so viel übernehmen, wie es ihm möglich ist!**

Zusammenfassung

Die Kompetenzen eines coachenden Vorgesetzten gelten für den Mentor als Mindeststandard. Das „Führen durch Fragen" stellt ein für beide sehr hilfreiches Instrument dar. Vom Coach sollte der Mentor so viel wie möglich übernehmen. Bezüglich des Insiderwissens und der Netzwerk-Kontakte hat er dem Coach einiges voraus. Mit dem „Kontrollierten Dialog" und dem „Systemischen Perturbieren" eignen sich zwei typische Coaching-Instrumente gut für das Mentoring.

4. Mentors Welt-Anschauung

Möglichst praxisnah die Grundlagen des Mentorings zu beschreiben, ist Anliegen dieses Buches. Dennoch kann nicht ganz auf den Gang in die Tiefe verzichtet werden. Wenn ein Mensch einen anderen berät, fördert, unterstützt, schaut er dabei mit seiner ganz persönlichen Brille auf den Mitmenschen und auf den „Rest der Welt". Seine Sichtweise ist geprägt von seiner Veranlagung (den Genen), von seiner eigenen Lebensgeschichte, von den Einflüssen der aktuellen Umgebung, von Erkenntnissen, Konzepten, Gefühlen … Alles zusammen ergibt seine „Welt-Anschauung". Jeder Mensch reagiert auf das Bild der Welt, das er sich selber geschaffen hat.

Aus dieser verwirrenden Komplexität sollen zwei Aspekte herausgelöst werden, die für das Beratungsgeschehen von besonderer Bedeutung sind: Die Grundlage für die Sichtweise auf den Mentee (das Menschenbild) und die Grundlage für die Sichtweise auf dessen Herausforderungen, Probleme und Lösungsmöglichkeiten (das systemische Denken).

Beide Aspekte sind hier natürlich sehr subjektiv ausgewählt und beschrieben: mit der persönlichen Brille des Autors. Es existieren diverse andere Menschenbilder und Modelle, um das Geschehen der Welt zu deuten. Die folgenden Ausführungen bilden aber keine exotische Weltsicht, sondern decken sich mit den Grundeinstellungen der meisten Autoren moderner Beratungskonzepte.

4.1. Das Menschenbild

Menschenbilder sind allgemeine Vorstellungen vom Sinn des menschlichen Daseins, von seinem Wert und von bestimmten Eigenschaften des Menschen. Sie bilden – reflektiert oder unbewusst – die Grundlage jedes beraterischen Handelns.

Einen „Schnelltest" zu Ihrem eigenen Menschenbild können Sie durchführen indem Sie sich fragen: „*Wie sehe ich mich selbst?*"

Halten Sie sich für jemand, der sein Leben aktiv gestaltet? Erleben Sie sich überwiegend als ausgeliefert an innere Triebe? Fühlen Sie sich vorwiegend geprägt durch Umwelteinflüsse?

Vermutlich finden Sie keine eindeutige und einfache Antwort, erkennen aber doch, zu welcher Variante die innere Übereinstimmung am stärksten ist?

Die Psychologie hat extrem unterschiedliche und anscheinend unvereinbare Wege gefunden, das Wesen des Menschen zu beschreiben. Sie reichen von totaler Fremdsteuerung bis zu völliger Autonomie. Der riskante Versuch, die wichtigsten Konzepte in einem einzigen Satz zusammen zu fassen, führt zu diesem Überblick:

Menschenbilder der modernen Psychologie

- Der Mensch ist ein durch seine Umwelt geformtes und gesteuertes Lebewesen. (Behaviorismus)

- Der Mensch ist ein von inneren (großteils unbewussten) Kräften getriebener Lustsucher und Unlustvermeider. (Psychoanalyse)

- Der Mensch ist Informationssucher und Informationsverarbeiter mit Bewusstsein. (Kognitive Psychologie)

- Der Mensch ist der selbstverantwortliche und ganzheitliche Gestalter seines eigenen Lebens mit intellektuellem und kreativem Potenzial. (Humanistische Psychologie)

Kein Absolutheitsanspruch

Niemandem ist es bisher gelungen, die alleinige Richtigkeit eines Menschenbildes nachzuweisen oder die Grundlagen eines anderen Menschenbildes zweifelsfrei zu widerlegen. Vermutlich ist es sinnvoller davon auszugehen, dass sich die Komplexität und Vielgestaltigkeit des Menschen nicht mit einem einzigen Modell beschreiben lässt.

Ein Großteil aller Beratungskonzepte beruft sich auf das **positive Menschenbild**. Wer besitzt ein positives Menschenbild? Jemand, der nach der Überzeugung lebt und handelt, *„welche jeden Einzelmenschen als einzigartige, Entscheidungen treffende, zielgerichtete, selbstverantwortliche und ganzheitliche Person versteht. Er lebt also eine prinzipiell gemeinschaftsfördernde, gleichwertige Werthaltung auf der Basis von Achtung und Selbstachtung, Verantwortlichkeit und Beitrag, Ermutigung und Konsequenz, Echtheit und Einfühlung"* (Bayer, 1995, S. 96).

Das positive Menschenbild entspricht im Wesentlichen dem Menschenbild der Humanistischen Psychologie:

Der Mensch

- besitzt eine positive konstruktive Grundtendenz,
- ist fähig, sich selbst zu begreifen,
- ist in der Lage, sein Verhalten zu ändern,
- trägt alle Ressourcen in sich, die er zum Klären schwieriger Situationen benötigt,
- hat Erfolg, wenn er andere darin unterstützt, erfolgreich zu sein,
- besitzt eine innere Antriebskraft für sein Handeln und
- strebt nach Selbstverwirklichung.

Das vorliegende Mentoring-Konzept geht von einem positiven Menschenbild aus. Wir glauben, dass der Mentee in der Lage ist, sich selber Ziele zu setzen, sein Verhalten weiter zu entwickeln, zu lernen, seine Lösungen (überwiegend) selber zu finden – kurzum sich selbst zu verwirklichen.

 Der ideale Mentor besitzt ein positives Menschenbild!

Dieser hohe Anspruch birgt natürlich das Risiko der Enttäuschung in sich, wenn der Mentee aus Sicht des Mentors seine Chancen nicht nutzt oder Ursachen und Lösungsmöglichkeiten für Probleme nicht erkennen „will" oder kann. Im nächsten Kapitel über das systemische Denken und mit dem Werkzeug der „Systemischen Perturbationen" werden Ihnen Möglichkeiten aufgezeigt, mit diesen Enttäuschungen konstruktiv umzugehen und sie für die Ziele des Mentorings zu nutzen.

Weicht Ihre eigene Einstellung deutlich von dem beschriebenen positiven Menschenbild ab? Dann sind Sie vor Enttäuschungen im Mentoring besser geschützt. Allerdings besteht die Gefahr, dass das Vertrauen des Mentees zu Ihnen deutlich langsamer wächst und dass seine Abhängigkeit von Ihnen (z. B. bei der Klärung schwieriger Situationen) sich nur schleichend verringert oder sogar im Laufe des Mentorings noch größer wird.

 Leseempfehlung zum positiven Menschenbild:
Quitmann, H. (1996). *Humanistische Psychologie*. Göttingen: Hogrefe.

4.2. Das Systemische Denken und Handeln

„Die Wahrheit ist nur der zweckmäßigste Irrtum. "

AXEL REICHINGER

In diesem Kapitel wird die Welt so dargestellt, wie sie viele (nämlich die systemisch orientierten) Berater sehen und verstehen. Aber auch ein aktuelles Führungskonzept für Manager beruft sich auf die Systemtheorie. Hier entsteht die Grundlage für eines der mächtigsten Instrumente, das im Coaching zur Verfügung steht: Systemische Perturbationen (☞ Kapitel 5.3). Wenn beim Lesen „der Funke zündet", sei Ihnen sehr empfohlen, wenigstens eines der angegebenen Bücher zum Thema durchzuarbeiten. Systemisches Denken und Handeln kann im Rahmen dieses Buches nur als „Appetizer" vorgestellt werden. Aber dieser reicht hoffentlich aus, um als Mentor eine neue Dimension von Deutungs- und Handlungskompetenz zu entdecken.

4.2.1. Grundlagen der Systemtheorie

Systemisches Denken erweitert den Blick über ein einzelnes Ereignis hinaus auf das Erkennen von Verhaltensmustern und die ihnen zugrunde liegenden Strukturen. Die Traditionslinien stammen aus den unterschiedlichsten Disziplinen: Biologie, Kybernetik, Mathematik, Physik, Soziologie, Kommunikationstheorie, Chaosforschung, Psychologie etc. Trotz dieser Mischung ist systemisches Denken praktisch – und auf der den Berater interessierenden Ebene ohne besondere mathematische Kenntnisse verstehbar.

Klären wir zunächst den wichtigsten Begriff: Was ist eigentlich ein System?

Ein System ist ein dynamisches Ganzes, das als solches bestimmte Eigenschaften und Verhaltensweisen besitzt. Es besteht aus Teilen, die so miteinander verknüpft sind, dass kein Teil unabhängig ist von anderen Teilen und das Verhalten des Ganzen beeinflusst wird vom Zusammenwirken aller Teile. Diese Verknüpfungen konstituieren eine Systemgrenze, die System und Umwelt trennt. (Ulrich und Probst, 1988)

- Systeme sind Bestandteile größerer Systeme und sind aus kleineren Subsystemen zusammengesetzt.

- Die Systemeigenschaften sind Eigenschaften des Ganzen und in keinem Teil komplett vorhanden.

- Je komplexer ein System ist, desto schwieriger sind seine Eigenschaften und Verhaltensweisen vorhersagbar.

Ein einfaches Beispiel für die Systemdefinition ist der lange Satz, den Sie in diesem Augenblick lesen; jedes Teil (= Wort) ist mit den anderen verknüpft und beeinflusst das Verhalten des Ganzen (des Satzes), aber in keinem Wort ist der ganze Satz enthalten; der Punkt am Ende trennt das Satzsystem von der Umwelt „Kapitel" oder „Buch".

Abhängig von dem Problem oder der Aufgabenstellung müssen Sie entscheiden, wo Sie die Systemgrenzen (den Auflösungsgrad) setzen: Wenn Sie die Grenzen zu eng ziehen und nur ein Wort betrachten (die einzelnen Buchstaben als seine Teile), entgeht Ihnen die Aussage des zugehörigen Satzes. Ziehen Sie die Grenzen zu weit und betrachten das ganze Buch, geht ihnen die Übersicht für wichtige Details verloren.

Hierzu eine kleine Denksportaufgabe: Entdecken Sie die Fehler in dem folgenden Satz:

In dieser Aussage, befindet sich vier Fehller.

Drei Fehler finden sich schnell: das falsch gesetzte Komma, der Singular „befindet" und das doppelte „l" in dem Wort Fehler. Den vierten entdecken Sie erst, wenn Sie den ganzen Satz als System betrachten und den Aussagegehalt überprüfen: Es sind nur drei Fehler, also ist der Satz mit der Behauptung „vier Fehler" falsch – und damit haben wir den vierten Fehler gefunden.

Dummerweise stimmt der Satz nun doch – es sind vier Fehler gefunden, damit wird die Aussage wieder korrekt – und dann stimmt die eben angewandte Voraussetzung „es sind nur drei Fehler" nicht mehr!?

Diese unauflösbaren Widersprüchlichkeiten, die viele aus der Schulzeit noch mit dem Satz „Alle Kreter sind Lügner[5]" kennen, führen uns nun zum Herzstück systemischen Denkens:

---

[5] Wenn ein Kreter diesen Satz ausspricht, ist er selber ein Lügner, also kann dieser Satz nicht stimmen…

Einige Basisregeln der Systemtheorie

Systemisches Denken heißt, in Kreisläufen anstatt in linearen Prozessen zu denken. Die Verknüpfungen zwischen Teilen bilden Rückkopplungskreisläufe. Rückkopplung ist der Output eines Systems, der als Input in das System zurückfließt, oder der Rückfluss von Information, der den nächsten Schritt beeinflusst.

Wer nicht systemisch (kreisförmig, wechselwirkend) denkt, der denkt linear (geradlinig). Das lineare Denken kennt nur eindeutige Ursache-Wirkungs-Beziehungen: „Das ist so, weil…"

Ein Beispiel: Der Mentee fragt seinen Mentor *„Warum wächst mir mein Arbeitspensum über den Kopf?"*

Die lineare Antwort: Dies hat verschiedene Ursachen: Jahreszeitlich bedingte Hoch-Zeit + kranke Mitarbeiter + Zusatztermine durch

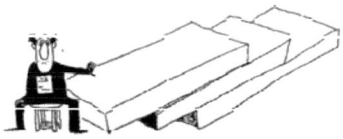

Das lineare Denken
(Quelle: Vester, F. Die Kunst vernetzt zu denken.)

Fortbildungen und Mentoring + nicht perfektes Zeitmanagement + eigene gesundheitliche Schwächen + gestiegene Anforderungen des eigenen Vorgesetzten + Unzuverlässigkeiten von Zulieferern aus anderen Abteilungen + Erhöhung des eigenen Qualitätsmaßstabs und und und…

Wer systemisch denkt, denkt in Kreisläufen und Wechselwirkungen. Wirkungen und Ursachen sind nicht eindeutig zuzuordnen. Statt *Ursachen* reden wir von *beeinflussenden Faktoren*.

Das gleiche Beispiel: *„Warum wächst mir mein Arbeitspensum über den Kopf?"*

Die systemische Antwort: Es gibt vielfältige Zusammenhänge zwischen der jahreszeitlich bedingten Hoch-Zeit, kranken Mitarbeitern, Zusatzterminen durch Fortbildungen und Mentoring, nicht perfektem Zeitmanagement, eigenen gesundheitliche Schwächen, gestiegenen Anforderungen des eigenen Vorgesetzten, Unzuverlässigkeiten von Zulieferern aus anderen Abteilungen, Erhöhung des eigenen Qualitätsmaßstabs und weiteren Faktoren.

Zum Beispiel können einzelne Mitarbeiter krank geworden sein, weil sie unter den gestiegenen Qualitätsanforderungen und dem unberechenbaren Zeitmanagement ihres Chefs leiden. Die gesundheitliche Schwächung ist nicht (nur) Ursache, sondern Folge der Arbeitsüberlastung, auf die der Körper reagiert. Der eigene Vorgesetzte hat seine Anforderungen erhöht, weil er seinen Mitarbeiter dadurch zu einem besseren Zeitmanagement zwingen will. Die Zulieferer reagieren mit ihren Unzuverlässigkeiten auf verspätete und ungenaue Aufträge aus dem Team des Mentees, in dem ihr Ansprechpartner wegen Krankheit vertreten werden muss. Das Zeitmanagement gelingt u. a. deswegen nicht, weil der Mentee sich unter Zeitdruck zu wenig Zeit für die Planung nimmt. Je mehr Zeitdruck, desto weniger Planung, desto mehr Zeitdruck, usw.

Das systemische Denken erkennt Zusammenhänge
(Quelle: Vester, F. Die Kunst vernetzt zu denken.)

Vernetzungen und Wechselwirkungen sind an diesem einfachen Beispiel bereits erkennbar. Eine genauere Untersuchung fördert fünf wesentliche Prinzipien der Wechselwirkungen und des systemischen Denkens zu Tage:

1. Die verstärkende Rückkopplung:

Das Anwachsen von Faktor A bewirkt einen Anstieg von Faktor B. Der Anstieg von Faktor B bewirkt ein weiteres Wachsen von Faktor A. Gleiches gilt für die verstärkende Wechselwirkung beim Rückgang der beiden Faktoren. Das System „schaukelt sich auf".

Eine höhere Zahl von Menschen bedeutet mehr Geburten; mehr Geburten führen zu einer höheren Menschenzahl. Je besser Arbeitsklima und Offenheit zwischen Mentor und Mentee sind, desto mehr Freude bereitet es ihnen, sich offen und herzlich gegenüber dem jeweils anderen zu verhalten, was wiederum zu einer positiven Steigerung des Arbeitsklimas führt.

Weitere Beispiele für verstärkende Rückkopplungen: Lernen, Selbstbewusstsein, Wissen, Belohnungen, Macht, Lachkrampf, Zellwachstum, Gerüchte, Korallenriffs, Kettenbriefe, Bankschulden…

2. **Die neutralisierende (negative) Rückkopplung:**

Je schneller der Wolf läuft, desto mehr Hasen kann er fangen. Je mehr Hasen er fängt, desto dicker wird er, desto langsamer läuft er, desto weniger Hasen kann er fangen. Je weniger Hasen er fängt, desto dünner wird er, desto schneller kann er laufen…

Die Steigerung von Faktor A führt zum Anstieg von Faktor B, dieser Anstieg bewirkt aber einen Rückgang von Faktor A… Je häufiger und präziser der Mentor Feedbacks zum Kommunikationsverhalten gibt, desto besser lernt der Mentee und optimiert es. Folglich sind weniger Rückmeldungen des Mentors nötig. Nach einiger Zeit schleifen sich alte Gewohnheiten wieder ein, der Mentor erhöht die Feedbackintensität wieder usw.

Weitere Beispiele für negative Rückkopplungen: Durst, Schlaf, Nahrung / Population, Geschwindigkeitsregelanlage, Thermostat, Körpertemperatur, Blutdruck, Angebot / Nachfrage, Einkommenssteuer, jede zielverfolgende Handlung.

3. **Die Vorwärtskopplung** (*self fulfilling prophecy*):

Ein Ereignis tritt ein, weil ich behaupte, es würde bereits existieren: Die Behauptung einer Nahrungsmittelknappheit verführt zu Hamsterkäufen, die diese Knappheit erst hervorrufen. Die Äußerung des Chefs *„Sie sind ein Versager!"* verunsichert den Mitarbeiter derart, dass ihm mehrere schwer wiegende Fehler passieren – und er versagt tatsächlich. Die Ermutigung des Mentors *„Ich traue Ihnen das zu!"* kann dazu führen, dass der Mentee eine Herausforderung selbstbewusster angeht und tatsächlich meistert.

Weitere Beispiele mit Vorwärtskopplung: Aktienkurse, Reporterfragen nach Trainerentlassungen im Fußball und Einschlafstörungen.

4. **Die verzögerte Rückkopplung:**

Lege ich die Hand auf die heiße Herdplatte, erfahre ich binnen Sekundenbruchteilen, was dies bedeutet. Rauche ich am Tag 30 Zigaretten, treten die entscheidenden Folgen womöglich mit 15 Jahren Verspätung auf. Nicht auszumalen, was es für die Tabakindustrie bedeuten würde, wenn Rauchen diesbezüglich eine „Sofortwirkung" besäße! Eine verzögerte Rückkopplung erschwert die Zuordnung Ursache ⇨ Wirkung und ein angemessenes Gegenlenken. Versuchen Sie mal, veraltete Duscharmaturen im Hotel durch Auf- und Zudrehen der Kalt- und Heißwasserknebel auf die gewünschte Temperatur zu bringen!

Bei der Verhaltensveränderung von Menschen kann es bis zu einem Jahr dauern, bis die Kette *erkennen – verstehen – verändern – eintrainieren - beibehalten* durchlaufen ist. Der Mentor benötigt die richtige Mischung aus Geduld, Freundlichkeit und Konsequenz, um das Lerntempo seines Mentees zu akzeptieren oder langsam zu steigern. Wenn der direkte Vorgesetzte nach einigen Wochen zum Mentee sagt: *„Ihr Mentoring scheint ja überflüssig zu sein, mir ist noch keinerlei Veränderung an Ihnen aufgefa*llen!", hat er vermutlich vom Prinzip der verzögerten Rückkopplung keinerlei Kenntnis.

Weitere Beispiele für verzögerte Rückkopplungen: Große Schiffe und Flugzeuge lenken (im Simulator), Anhänger rückwärts einparken, Gewichtsreduktion durch Jogging, Deckungsbeitragssteigerung einer Abteilung durch Investition in die Fortbildung der Mitarbeiter.

5. Schwellen- und Grenzwerte:

Spanne ich die Sehne beim Bogenschießen nur ganz schwach, fällt der Pfeil zu Boden, wenn ich die Sehne los lasse. Steigere ich die Spannung und überschreite einen Schwellenwert, so fliegt der Pfeil auf einmal davon. Je mehr ich die Spannung erhöhe, desto weiter fliegt der Pfeil. Dies gilt jedoch nur bis zu einem Grenzwert: Wird dieser überschritten, bricht der Bogen und der Pfeil fällt zu Boden.

Der Mentee kommt regelmäßig zu spät zu den gemeinsamen Besprechungen. Nur ein wenig, drei oder vier Minuten, aber er entschuldigt sich nie. Als er zum fünften Mal in Folge nicht pünktlich ist, dieses Mal sogar sieben Minuten, reagiert der Mentor überraschend laut und deutlich mit großer Verärgerung. Reize ich einen Kollegen mit kleinen Provokationen, passiert bis zu einem Schwellenwert offenbar gar nichts. Ab da steigen seine Reaktionen proportional zur Schärfe meiner Provokationen, bis ich „den Bogen überspanne" und der andere „explodiert", kündigt oder mich verprügelt.

Weitere Beispiele für Schwellen- und Grenzwerte: Rohrexplosionen bei kontinuierlicher Drucksteigerung, Auslenkung einer zweiarmigen Waage bei einseitiger Gewichtserhöhung, sportliche Anstrengungen und gesundheitliche Folgen.

Diese fünf Prinzipien helfen zu verstehen, was zwischen den Elementen eines Systems und was zwischen verschiedenen Systemen passiert. Jeder der fünf Effekte widerlegt den einfachen Ursache-Wirkungs-Zusammenhang des linearen Denkens.

Nur bei ganz einfachen Systemen ist genau vorhersagbar, was passieren wird, wenn ich sie von außen beeinflusse. Derart einfache Systeme heißen auch „triviale Maschinen". Halte ich einen Apfel in der Hand und lasse ihn los, zieht ihn die Schwerkraft sofort auf den Boden. Die Aktion X bewirkt mit 100% Wahrscheinlichkeit die Reaktion Y.

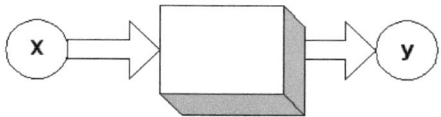

Menschen oder Organisationen sind hoch komplexe Systeme („nicht-triviale Maschinen"). Ihr Verhalten ist prinzipiell nicht von außen eindeutig vorhersagbar oder steuerbar. Verfügt jemand über die entsprechende Macht, so besitzt er lediglich die Gewissheit, diese Systeme zerstören zu können.

Interpunktionen

Aus Erkenntnissen der Kommunikationswissenschaft entliehen ist ein weiterer wichtiger Effekt, der Eingang in das systemische Denken gefunden hat.

Jeder Mitarbeiter, jede Führungskraft ist Teil verschiedener (Sub-) Systeme (Team, Abteilung, Bereich, Führungskreis, Unternehmen). Jeder agiert und reagiert, steuert und wird gesteuert, fragt und antwortet. Für die Meisten besteht kein Zweifel, dass sie mit ihrer Deutung des Geschehens „objektiv" im Recht sind. Hier liegt die Ursache zahlloser Kommunikationsprobleme und Konflikte.

Das klassische Beispiel dazu stammt von Paul Watzlawick: Nörgelt die Ehefrau, weil ihr Mann so viel in die Kneipe geht? Oder geht der Mann häufig in die Kneipe, weil zu Hause eine ewig nörgelnde Ehefrau sitzt?

Sichtweise	Ursache	Wirkung
Ehefrau	Er geht dauernd ins Wirtshaus.	Ich klage ihm mein Leid.
Ehemann	Sie nörgelt dauernd an mir herum.	Ich flüchte in die Kneipe.

Wer hat Recht? Jeder auf seine Weise. Was passiert? Das System eskaliert: Er geht immer häufiger einen trinken, worauf sie sich noch heftiger beschwert, was ihn zu noch schnellerer Flucht in die Kneipe treibt, wodurch sie wiederum ... Bildlich gesprochen setzen beide ihre Punkte in der Ursache-Wirkungskette phasenverschoben.

Er: Nörgeln – Kneipe. Nörgeln – Kneipe. Nörgeln – Kneipe.

Sie: Kneipe – Nörgeln. Kneipe – Nörgeln. Kneipe – Nörgeln.

Beide verwenden also unterschiedliche *Interpunktionen.*

Das eskalierende „Mehr davon" ist eine *Lösung erster Ordnung*: Jeder behält seine Sichtweise bei, Abhängigkeiten und Wechselwirkungen werden nicht aufgedeckt, jede Reaktion wird für eine Aktion gehalten und umgekehrt.

Die Rettung liegt in der *Lösung zweiter Ordnung.* Der Weg dorthin wird erleichtert durch einen unabhängigen Außenstehenden (Beobachter, Berater, Moderator, Schlichter). Die Beteiligten wechseln auf die Meta-Ebene, erweitern die Systemgrenzen, schauen sich das Geschehen nacheinander von außen und mit der Brille aller Beteiligten an. Abhängigkeiten und Wechselwirkungen können so aufgedeckt werden; der Teufelskreis der Aufschaukelung wird unterbrochen.

Fassen wir die wesentlichen bisherigen Erkenntnisse zusammen, indem wir die Unterschiede zum nicht-systemischen Denken herausstellen:

Die drei größten Irrtümer nicht-systemischen Denkens

1. Ursache und Wirkung sind voneinander getrennt; die Wirkung folgt der Ursache (willkürliche Interpunktion).
2. Die Wirkung folgt zeitlich und räumlich kurz auf die Ursache (verzögerte Rückkopplung ignoriert).
3. Die Wirkung fällt proportional zur Ursache aus (Schwellen- und Umkehrpunkte vergessen).

4.2.2. Konsequenzen für die Beratungspraxis

Beobachten ist kein passiver Vorgang. Der Beobachter konstruiert aktiv seine Sicht der Dinge. Wer verkündet, sich nur „an harten Fakten" zu orientieren, verwechselt häufig Landkarten mit der Landschaft oder ein Abbild der Realität mit der Realität selber.

Die erste wichtige Aufgabe systemisch orientierter Beratung (Therapie, Supervision, Coaching, Mentoring etc.) besteht darin, den Beratenen von der eingebildeten Objektivität zur Erkenntnis der Subjektivität zu führen. Das mag beim Betroffenen zunächst kräftige Widerstände aktivieren und als Verlust erlebt werden. In der Folge werden die meisten Menschen es aber als großen Gewinn erleben, zwischen verschiedenen Sichtweisen und Verhaltensalternativen wählen zu können und vom Druck befreit zu sein, alle Widersprüche auflösen zu müssen.

Der Berater kann sich auf diesem Weg von vier Bausteinen systemischen Denkens leiten lassen:

1. Wir denken immer in Modellen.

Ein Modell ist ein vereinfachtes Abbild, das nur bestimmte Aspekte der Situation enthält und immer andere Aspekte vernachlässigt. Denken in Modellen bedeutet, sich dieser Modellhaftigkeit unseres Denkens bewusst zu sein. Jedes Systemmodell hebt bestimmte Aspekte hervor und vernachlässigt andere. Dieselbe Situation kann unterschiedlich modelliert werden. Ein Excel-Chart mit Verkaufszahlen auf einem Blatt Papier stellt völlig verschiedene Wirklichkeiten dar, wenn es nacheinander vom Einkäufer der Papiersorte, Programmierer der Excel-Funktionen, Dateneingeber, Controller des dargestellten Unternehmens, Vorstandsmitglied, Aktionär, Vorstand eines Konkurrenzunternehmens betrachtet wird.

2. Wir berücksichtigen Vernetzungen statt einfacher Zusammenhänge.

Schlichte „Wenn-Dann-Beziehungen" werden durch Rückkopplungskreise (eskalierend oder stabilisierend) ersetzt. Ein wichtiges Denkwerkzeug dafür ist das Ursache-Wirkungs-Diagramm. Es bildet alle innerhalb eines Systems entdeckten Wechselwirkungen grafisch ab.

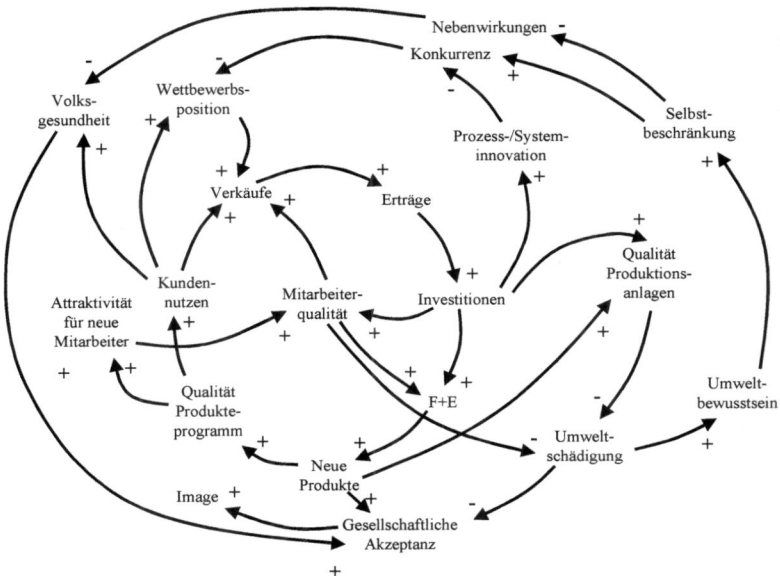

Ursache-Wirkungs-Diagramm
(Quelle: Gomez & Probst. Die Praxis ganzheitlichen Problemlösens.)

3. Wir denken dynamisch.

Verzögerungen, eskalierende und stabilisierende Rückkoppelungen, Schwellen- und Grenzwerte, Fernwirkungen etc. werden erfasst und berücksichtigt. Statt mit einer Fotografie arbeiten wir mit einem Film, der (hypothetisch) in die Vergangenheit und Zukunft vor- und zurückgespult werden kann.

4. Wir erlernen systemgerechtes Handeln.

Der Neuling im systemischen Denken benötigt eine angemessene Umgebung, in der er die unterschiedlichsten Situationen ausprobieren kann und somit Lernen möglich ist. Das Beratungsgeschehen sollte hier ein reichhaltiges Experimentierfeld zur Verfügung stellen. Das Ziel systemischer Beratung ist erst dann erreicht, wenn der Klient die Welt nicht nur mit dieser neuen Sichtweise betrachtet und zu verstehen sucht, sondern wenn er aktiv wird und versucht, das komplexe und dynamische Geschehen auf Basis der systemischen Lenkungsregeln in seinem Sinne zu beeinflussen.

Leseempfehlungen für das Prinzip systemischen Denkens:

- O'Connor, J. und McDermott, I. (2000[2]). *Die Lösung lauert überall. Systemisches Denken verstehen und nutzen.* Kirchzarten: VAK.

- Dörner, D. (1997). *Die Logik des Misslingens – Strategisches Denken in komplexen Situationen.* Reinbek: rororo.

Die kreative und aktive Alternative zum Buch – die PC-Simulation:

- Vester, F. (2002a). *Ecopolicy – das kybernetische Strategiespiel.* Braunschweig: Westermann.

4.2.3. Die Systemische Führung

„Eine Führungskraft soll sich nicht einbilden, sie allein würde führen und wäre verantwortlich für das, was (nicht) geschieht. Geführte handeln eigenständig nach ihren Funktionsprinzipien; eine Führungskraft ist nur eine der vielen Kontextfaktoren, die auf die Geführten wirken und von ihnen nach angeborenen oder erlernten Programmen verarbeitet werden."

OSWALD NEUBERGER

Nicht nur Berater profitieren vom systemischen Denken. Die Übertragung dieses Konzeptes auf das Führungshandeln wird aber nur kurz angerissen, da sonst die Systemgrenzen dieses Beratungsbuches deutlich überschritten würden.

Das Führen in einer zunehmend komplexer und dynamischer gewordenen Arbeitswelt ist ohne systemisches Denken und Handeln nahezu unmöglich geworden. Gleichzeitig sind viele Manager überfordert, weil sie diesen Denkansatz nie gelernt haben (Kastner und Widmann, 1991). Systemische Führung akzeptiert die Begrenztheit eigener Erkenntnis- sowie Steuerungsmöglichkeiten und verwandelt dieses scheinbare Defizit in Ressourcen für Mitverantwortung und organisches Wachstum.

Ein System ist erfolgreich, wenn…

- es nicht zugrunde geht, sondern langfristig weiterlebt;

- es dauerhaftes Überleben aus sich selbst heraus sichert und so Krisen übersteht (z. B. Unternehmen in schlechter Konjunkturphase);

- es sich vermehrt und es dabei ein „organisches Wachstum" gibt (Qualitätsvermehrung);

- es ein Bewusstsein für permanente Optimierung besitzt (lernende Organisation).

Die Aufgabe von Führung nach dem systemischen Ansatz liegt in der Gestaltung von Rahmenbedingungen, in denen sich Wachstumsprozesse entwickeln können. Dabei entstehen Strukturen und Beziehungen, die die Kommunikation verbessern, Blockaden vermindern und somit effizienteres Arbeiten ermöglichen. Wer systemisch führt, fühlt sich nicht nur für sein Subsystem (Team, Abteilung), sondern für das Unternehmens-System mitverantwortlich.

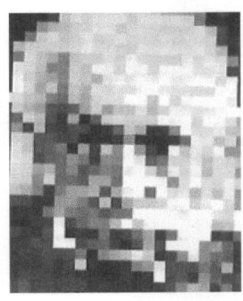

Insbesondere *virtuelle Teams*, deren Mitglieder sich an geografisch weit auseinander liegenden Standorten befinden, profitieren von systemischer Führung. Der Teamleiter kann hier nur anregen, Wachstumsprozesse beobachten und mit systemischen Lenkungsregeln (gegen-) steuern. Wie bei einem stark vergrößerten Rasterfoto (rechts) ist das Ganze nicht über die Untersuchung seiner Teile erkennbar, sondern nur als ganzes System und aus angemessenem Beobachtungsabstand. Die Mitglieder bilden ein Netzwerk, das nach den oben beschriebenen systemischen Grundregeln funktioniert (☞ Kapitel 4.2.1).

Die systemisch denkende und handelnde Führungskraft

- achtet auf ihre eigenen Grenzen,
- versucht, eigene blinde Flecken der Beobachtung kennen zu lernen,
- erkennt Spielregeln und typische Muster einer Organisation,
- legt Wert auf Distanz und Selbstbeobachtung,
- gibt Anregungen zur Selbstorganisation,
- gibt Beobachtungen in positiver Konnotation[6] wieder,
- erweitert die Anzahl der Handlungsmöglichkeiten,
- interessiert sich für Muster, Regeln und Strukturen der Kommunikation,
- regt andere zu Unterscheidungen an und
- ... kann und muss mit Widersprüchen leben („schizoider Typ").

(nach Neuberger, 2002)

---

[6] Konnotation = Beschreibung, Zuschreibung

Wenn der Mentee eine Führungskraft ist oder werden soll, lernt er durch einen systemisch denkenden Mentor auch die Grundlagen für systemisches Führen kennen!

Leseempfehlungen zur systemischen Führung:

- Neuberger, O. (2002). *Führen und führen lassen*. Stuttgart: Lucius & Lucius. (Insbesondere Kapitel 8: Systemisches Führen)

- Gomez, P. und Probst, G. (1999). *Die Praxis ganzheitlichen Problemlösens*. Bern: Haupt.

5. Mentors Werkzeugkasten

Was hat der Mentor „in der Hand", um den Prozess möglichst zielorientiert und professionell zu gestalten? An verschiedenen Stellen wurde bereits darauf verwiesen, dass in diesem Buch drei Werkzeuge vorgestellt und empfohlen werden. Sie stehen in Übereinstimmung zum positiven Menschenbild und dem Prinzip systemischen Denkens. Das „Führen durch Fragen" entstammt dem Repertoire eines Managers. Mit dem „Kontrollierten Dialog" und den „Systemischen Perturbationen" arbeiten viele Coaches. Die Anwendung aller drei Werkzeuge ist mit überschaubarem Aufwand trainierbar. Mehr an methodischen Kenntnissen ist eigentlich nicht notwendig, um in fast allen denkbaren Mentoring-Situationen angemessen agieren zu können.

5.1. Werkzeug I: Führen durch Fragen

> *„Ich habe sechs Bedienstete, die mich alles gelehrt haben, was ich weiß.*
> *Ihre Namen sind: Was, warum, wann, wie, wo und wer."*
> RUDYARD KIPLING

Mentoren sind natürlich keine Vorgesetzten der Mentees. Aber das „Führen durch Fragen" ist ein kommunikatives Werkzeug, das gleichermaßen von Vorgesetzten und von Mentoren eingesetzt werden kann.

„Management by"-Führungskonzepte haben die einschlägige Literatur der letzten Jahrzehnte geprägt. Am meisten verbreitet ist das Führen durch Zielvereinbarung *(... by objectives)*; auch das Führen enge Kontakte und unangemeldete „Besuche" *(wandering around)* ist relativ bekannt. Persiflierend werden das Einfliegen weit entfernter Vorstandsvorsitzender oder die punktuelle Krisenunterstützung durch hochkarätige externe Berater als *„management by helicopter"* bezeichnet.

„Management by asking" als Führungskonzept (und als Werkzeug) beansprucht keine Exklusivität. Es kann gut zum Beispiel mit dem Führen durch Zielvereinbarung zusammen eingesetzt werden und hilft in diesem Fall, stärker mitarbeiterorientierte Zielvereinbarungen zu finden.

Verschiedene Vorstandsvorsitzende großer DAX-Unternehmen traten ihre Aufgabe 2002 / 2003 neu an und gaben dazu der Wirtschaftspresse ausführliche

Interviews. Auffällig war: Ihre Führungsphilosophie charakterisierten alle so, dass sie auf die Kurzformel „Führen durch Fragen" passt.

So beschreibt der neue Vorstandsvorsitzende der BASF, Jürgen Hambrecht, sein Führungsverhalten in der FRANKFURTER ALLGEMEINEN SONNTAGSZEITUNG vom 13.04.2003 *„mit sieben Wörtern: zuhören, fragen, analysieren, weiterden-ken, überzeugen, entscheiden, kommunizieren in klarer Sprache"*. Wie sich sein Stil in den letzten Jahren verändert hat? *„Mehr Zuhören, mehr Gelassenheit, mehr interkulturelles Verstehen."*

Zum Zuhören gehört, dass Sie Ihren Gesprächspartner (durch Fragen) im Er-zählen bestärken.

Geschichtliches Vorbild des fragenden Führens ist der griechische Philosoph Sokrates (469-399 v. Chr.). Er veranstaltete seine Lehrdialoge auf den öffentli-chen Plätzen Athens und unterwies vor allem griechische Knaben, die er durch seine Methode der Mäeutik[7] zur Wahrheit führen wollte. Dahinter stand die Auf-fassung, dass jeder Mensch aufgrund seiner Vernunft die Wahrheit verborgen in sich trage, diese jedoch erst durch ein gezieltes Frage- und Antwortspiel „gebo-ren" werden müsse[8].

Was ist das Ziel dieses Führungsverhaltens?

Der Frager vergewissert sich zunächst, ob er den anderen richtig verstanden hat. Durch das Ansprechen von wichtigen oder kritischen Teilbereichen lenkt er die Aufmerksamkeit des Erzählers auf bislang nicht Erläutertes oder Übersehe-nes.

„Wie stellen Sie sich die Finanzierung dieses Projektes vor?" – *„Wie haben Sie die letzten Vorgaben aus der Finanzabteilung einbezogen?"* – *„Wo besteht aus Ihrer Sicht noch Einsparpotenzial?"*

Der Befragte (meist ein Mitarbeiter, hier der Mentee) versteht seine eigenen Ideen und Vorschläge besser und entwickelt sie weiter. Er entdeckt selbst die Lösungsmöglichkeiten für geschilderte Probleme. Dies erhöht die Motivation und das Verantwortungsgefühl und macht ihn auf Dauer vom Fragensteller (Vorgesetzten) unabhängiger.

---

[7] Mäeutik (griechisch): Hebammenkunst
[8] Mehr zum Sokratischen Gespräch und seiner aktuellen Anwendung in Birnbacher und Krohn (2002).

Wie funktioniert Führen durch Fragen?

Es gibt *eine unverzichtbare* Voraussetzung: Sie müssen sich für die Person und die Antworten Ihres Gesprächspartners wirklich interessieren! Dann stellen Sie intuitiv wahrscheinlich überwiegend hilfreiche und weiterführende Fragen.

Wer (gut) durch Fragen führt, der erfragt vom Mitarbeiter die...

- persönliche Situationseinschätzung,
- Meinung / Bewertung,
- Hintergründe von Positionen / Entscheidungen,
- Lösungswege,
- Alternativszenarien.

Funktionsweise und Bedeutung des Führens durch Fragen werden besonders deutlich, wenn Sie sich die Alternativen vorstellen, die es dazu gibt. Jemand der nicht (oder nicht gut) durch Fragen führt, hat in der Kommunikation mit einem anderen Menschen folgende Möglichkeiten:

1. Er redet (von sich aus) gar nicht mit ihm.

   Keine Kommunikation ist auch eine Kommunikation! Die Botschaften lauten: *„Ich benötige dich nicht." „Ich traue dir nichts zu." „Du bist überflüssig." „Du sollst wie eine Maschine funktionieren." **„Du kannst ja zu mir kommen, wenn du etwas willst."*** usw.

2. Der Sender teilt dem Empfänger alles mit von dem er glaubt, dass der Empfänger es noch nicht weiß, aber wissen sollte.

   Hier gibt es vielfältige Fehlerquellen:

   - Der Sender teilt eine Einschätzung oder Information mit, die dem Empfänger doch schon bekannt ist. Dadurch geht nicht nur Zeit verloren, vor allem entsteht beim Empfänger der Eindruck, dass der Sender ihn für dumm hält oder ihn zumindest wenig kennt. Es bleiben ihm wenig Korrekturmöglichkeiten, denn eine abschließende Rückmeldung „das wusste ich schon" ist nicht beweisbar und klingt u. U. anmaßend.

   - Der Sender setzt Informationen voraus, die der Empfänger doch noch nicht kennt. Und wenn der Empfänger gar nichts von dieser Information weiß, kann er auch nicht gezielt zurückfragen. Diese Wissenslücke ist eine ideale Quelle für falsches Verhalten des Zuhörers, der allerdings gar nicht wissen kann, dass er sich falsch verhält.

- Die Botschaft kommt beim Empfänger anders an, als der Sender sie gemeint hat. Durch fehlende Rückfragen wird dieses Missverständnis nicht oder erst sehr spät aufgedeckt. Näheres dazu beim Werkzeug II „Kontrollierter Dialog".

- Der Empfänger lernt, dass er auf die Informationen durch den Sender angewiesen ist. Nicht Wachsamkeit, Eigeninitiative und Mitdenken sind gefragt, sondern Funktionieren und Umsetzen. Er bleibt auf Dauer vom Sender abhängig und lernt wenig hinzu.

3. Der Sender stellt die falschen Fragen.

> **Vermeiden Sie den größten Fehler:**
> **Die „Schulmeisterfragen"!**

Hierbei wollen Sie nur das hören, was Sie sowieso schon wissen. Der Befragte kann nur eine falsche oder eine richtige Antwort geben; der Fragensteller (Lehrer) kennt die (aus seiner Sicht) einzige richtige Lösung und weiß alles (besser). Er „fragt ab".

Diese Fehlform bringt die Beziehung zwischen Ihnen und dem Gesprächspartner auf die Lehrer-Schüler-Ebene. Fragen werden als Mittel der Kontrolle erlebt. Der Befragte fühlt sich unmündig, Motivation und Selbstständigkeit verbleiben auf sehr niedrigem Niveau.

Wie machen Sie es besser?

Stellen Sie überwiegend **offene Fragen,** auf die der Andere weitläufig antworten kann, nicht nur mit ja / nein oder mit einer kurzen Sachinformation. Gut geeignet sind meist die so genannten W-Fragen (was, wie, wozu, wann, warum, weswegen…).

Einige Beispiele für gute und nicht hilfreiche Fragen

1a) *„Wer sollte aus Ihrer Sicht in der Projektgruppe mitarbeiten?"* (gut)

1b) *„Finden Sie nicht auch, dass wir den Vertrieb und die Marketingabteilung in die Projektgruppe einbinden müssen?"* (schlecht)

2a) *„Wie denken Sie über die Urlaubsregelung im Sommer?"* (gut)

2b) *„Haben Sie Ihren Urlaub schon gebucht?"* (schlecht)

3a) *„Wann werden Sie vermutlich die Liste erstellt haben?"* (gut)

3b) *„Schaffen Sie es bis Montag?"* (schlecht)

4a) *„Was meinen Sie zu den neuesten Auftragsrückgängen?"* (gut)

4b) *„Haben Sie die neuesten Zahlen gesehen – können Sie nicht noch ein bisschen an der Akquiseschraube drehen?"* (schlecht)

5a) *„Wie sehen Sie die Entwicklung des Produkts in Zukunft?"* (gut)

5b) *„Ich glaube nicht, dass dieses Produkt zukunftsfähig ist – wissen Sie, wie viel Miese wir letztes Quartal damit gemacht haben?"* (schlecht)

Tipp: Besonders die Frage nach dem „Wie" hat die Antworten mit hohem Informationswert zur Folge und regt intensiv zum Nachdenken an.

 Wer fragt, führt! Wer führt, fragt!

5.2. Werkzeug II: Der Kontrollierte Dialog

> *„Wirklich erstaunlich an der menschlichen Kommunikation ist,*
> *dass sie ab und zu gelingt!"*
>
> PAUL WATZLAWICK

Neben dem „Führen durch Fragen" stellt der Kontrollierte Dialog ein weiteres ausgezeichnetes kommunikatives Werkzeug dar. Er wird nicht nur im Coaching verwendet, sondern eignet sich auch für den Gesprächsalltag von Führungskräften. In der Kommunikationskompetenz gilt: Was gut ist für den Vorgesetzten, taugt erst recht für den Mentor.

Wir verstehen uns nicht. Zumindest nicht hundertprozentig. Es ist nahezu unmöglich, eine Idee mit allen subjektiven Bedeutungszuweisungen „eins zu eins" in das Gehirn eines anderen Menschen zu transportieren. Und selbst wenn es gelänge: Wir besitzen keine Möglichkeit exakt zu überprüfen, was beim Empfänger wirklich angekommen ist. Denn dazu muss der Empfänger seine Erkenntnis erst wieder chiffrieren (in Worte kleiden) und an den ursprünglichen Sender zurückschicken, der diese Botschaft dechiffriert. Verschiedene Menschen verbinden mit einem Begriff nicht dieselbe Bedeutung.

Betrachten wir ein einfaches Beispiel:

„Herr Fuhrmann, ich wünsche, dass Sie diesen Arbeitsauftrag bis zu unserer nächsten Zusammenkunft erledigen."

Welche Quellen des Missverstehens sind denkbar?

- Herr Fuhrmann versteht die Äußerung seines Chefs (oder Mentors) als *Wunsch* und nicht als *eindeutigen Auftrag*. Daher führt er dies eventuell nicht oder nur teilweise aus, wenn ihm andere Aufgaben bis zur nächsten Zusammenkunft wichtiger erscheinen.

- Mit „dass *Sie* erledigen" meint der Chef (oder Mentor), Herr Fuhrmann möge sich um die Erledigung kümmern und sich dabei z. B. durch seine Sekretärin unterstützen lassen. Herr Fuhrmann glaubt, er solle alles persönlich erledigen und verzichtet auf die Zuarbeit seiner Sekretärin.

- Unter „erledigen" versteht Herr Fuhrmann, dass er (zunächst nur) ein Konzept und eine Strategie entwickelt, wie er das Problem lösen kann. Er ist sehr überrascht als er beim nächsten Termin erfährt, dass sein Chef (oder Mentor) bereits mit der Ausführung dieser Planungen gerechnet hat.

- „Bis zur nächsten Zusammenkunft" heißt für Herrn Fuhrmann, dass er das Ergebnis am Beginn dieses Termins überreichen kann. Der Sender der Botschaft hätte die Daten jedoch gerne schon vor der Besprechung per Mail erhalten, um sich einzulesen.

- ......

Diese Liste ist natürlich unvollständig. Insbesondere fehlen Missverständnisse, die in der Fantasie des Autors nicht vorkommen, in den realen Beziehungen zwischen zwei Menschen aber quasi „vorprogrammiert sind".

Wenn sich zwei Menschen (zum Beispiel ein Vorgesetzter und sein Mitarbeiter) missverstehen, wirkt sich dies mindestens auf zwei Ebenen negativ aus:

1. Auf der Sachebene: Der Empfänger einer Botschaft unternimmt unbeabsichtigte Handlungen oder zieht ungewollte Schlüsse, indem er eine Sachbotschaft umsetzt, die *so* gar nicht gesendet worden ist.

2. Auf der Beziehungsebene: *„Der will mich nicht verstehen"* denkt der eine, *„Der kann sich nicht vernünftig ausdrücken, ich weiß nie genau was er von mir will"* denkt der andere.

Mit dem **Kontrollierten Dialog** wird allen Kommunizierenden eine einfache aber sehr wirkungsvolle Methode an die Hand gegeben, um die Wahrscheinlichkeit richtigen Verstehens drastisch zu erhöhen und negative Nebenwirkungen in positive zu verwandeln.

Das Prinzip

… lässt sich in einem kurzen Satz beschreiben:

Der Empfänger wiederholt mit eigenen Worten, was er von der Botschaft des Senders verstanden hat.

„Herr Fuhrmann, ich wünsche, dass Sie diesen Arbeitsauftrag bis zu unserer nächsten Zusammenkunft erledigen. "

„Herr Wintershall, Sie hätten es gerne, wenn ich Ihnen in unserer nächsten Besprechung das Konzept für das weitere Vorgehen übergeben kann? "

Wirkung 1: Nun kann Herr Wintershall überprüfen, ob seine Botschaft richtig angekommen ist. Widersprüchliches wird er sofort richtig stellen, nicht Eindeutiges hinterfragen.

„Herr Fuhrmann, ich habe mich wohl nicht eindeutig ausgedrückt: Ich hätte von Ihnen gerne nicht ein Konzept, sondern möchte, dass Sie das Thema komplett umsetzen und durchführen. Und es wäre sehr schön, wenn Sie mir den Statusbericht schon einen Tag vor dem Meeting zu mailen würden, damit ich mich einlesen kann. Wie meinen Sie die Formulierung 'ich hätte dies gerne'? Heißt dies, dass Sie die Aufgabe evtl. nicht bis zum nächsten Mal erledigen werden? "

Wirkung 2: Herr Fuhrmann erhält eine neue Chance zu zeigen, wie sehr er sich um das Verstehen des Anliegens von Herrn Wintershall bemüht. Je besser ihm dies gelingt, umso mehr fühlt sich Herr Wintershall verstanden, umso zugewandter erscheint ihm Herr Fuhrmann.

„Herr Wintershall, danke für die Klarstellung. Sie geben mir den Auftrag, mich zügig um die Konzipierung und Durchführung dieses Themas zu kümmern.

73

Ich soll es möglichst vor unserem nächsten Meeting zu Ende bringen und Ihnen am Tag vor dem Meeting einen Statusbericht zu mailen."

„Danke, Herr Fuhrmann, genau so habe ich es gemeint."

Führungskräfte sollten dieses Werkzeug gegenüber Mitarbeitern insbesondere verwenden, wenn wichtige, umstrittene oder leicht missverstehbare Inhalte besprochen werden. Mitarbeiter können den Kontrollierten Dialog natürlich auch genauso gegenüber ihren Vorgesetzten einsetzen.

> **Wenn Sie Äußerungen des Mentees mit eigenen Worten zurückspiegeln, verbessern Sie das Verstehen und das Klima dramatisch!**

Zwei gut gemeinte, aber völlig unbrauchbare Varianten

1. Sie fragen: *„Haben Sie mich richtig verstanden?"* Oder: *„Haben Sie noch Fragen?"* Zumeist weiß der Empfänger gar nicht, dass er den Sender falsch oder unvollständig verstanden hat, denn das was er gehört hat, erscheint ihm logisch und verständlich. Also antwortet er: *„Ja, ich habe Sie richtig verstanden."* Oder: *„Nein, ich habe keine Fragen."*

2. Sie wiederholen selbst Ihre eigene Aussage mit Ihren eigenen Worten in der Hoffnung, dass zweimal Gehörtes besser verstanden wird. *„Noch einmal: Ich sagte, dass ..."* Erfolgsquote der Wiederholung: Fast gleich Null. Was beim ersten Mal zu Missverständnissen Anlass bot, wird durch die Wiederholung nicht eindeutiger.

Erwünschte Effekte im Mentoring

Was sich zwischen Vorgesetztem und Mitarbeiter bewährt, passt noch besser in das Mentoring, denn dort stellt das richtige Kommunizieren für sich genommen ein eigenständiges Lernziel dar.

Wenn Sie den Kontrollierten Dialog im Mentoring einsetzen, erzeugen Sie eine Vielzahl hilfreicher und erwünschter Effekte.

Effekte des Kontrollierten Dialogs im Mentoring

1. Der Mentor überprüft permanent, ob er seinen Partner (= Mentee) richtig verstanden hat.

2. Der Mentor arbeitet nicht an eigenen Lösungsideen, sondern unterstützt die Lösungsfindung des Mentees.

3. Der Partner fühlt sich verstanden, spürt Interesse an seiner Person und an seiner Meinung.

4. Der Mentee setzt sich aktiv mit seinen eigenen Aussagen auseinander und entwickelt diese weiter.

5. Der Partner lernt, sich eindeutiger auszudrücken.

6. Der Partner erfährt, dass Kommunikation nie objektiv, nie eindeutig ist und dass Rückkopplungen die Verstehenswahrscheinlichkeit deutlich erhöhen.

Zwei Varianten dieser Methode müssen wir noch unterscheiden:

Wenn sich **beide Seiten** an die Feedbackregeln halten, nennt sich dies **Zweiseitiger Kontrollierter Dialog**. Er wird überwiegend zur Konfliktklärung (z. B. in der Familienberatung) verwendet und setzt dann zwingend die Anwesenheit eines neutralen Dritten (Moderator, Berater, unbeteiligter Vorgesetzter) voraus. Dieser schlägt die Anwendung der Methode vor, erläutert sie und achtet auf die Einhaltung, was umso schwieriger wird, je emotional betroffener beide Parteien durch die Meinungsunterschiede sind.

Die zweiseitige Form ist normalerweise nicht für das Mentoring geeignet, da der Gesprächspartner nicht durch Regeln eingeengt werden soll, sondern sich frei äußern kann. Gelegentlich mag es aber angebracht sein, dem Mentee diese zweiseitige Variante vorzuschlagen. Dies bietet ihm die Lernchance, die Methode sowie die Schwierigkeiten exakten Verstehens kennen zu lernen und zu reflektieren.

In der Regel praktiziert der Mentor den **Einseitigen Kontrollierten Dialog**. Nur er fasst immer wieder mit seinen eigenen Worten zusammen, was er von den Äußerungen des anderen verstanden hat. Wie der Gesprächspartner auf diese Zusammenfassungen reagiert (Zustimmung, Korrektur, kein verbales Feedback sondern weiterführende Gedanken oder ein „Mitspielen" wie in der zweiseitigen Variante), bleibt diesem freigestellt. Es ist auch nicht nötig (und sogar eher kontraproduktiv), dies als Methode vorab zu erläutern. Der Mentor wendet sein Werkzeug einfach an – es erfüllt seinen Zweck auch, wenn es vom anderen nicht explizit erkannt wird.

Praxisempfehlungen zur Anwendung des Kontrollierten Dialogs

* Unterbrechen Sie den Partner, wenn er zu viel oder zu Kompliziertes auf einmal erzählt (*„Stopp, ich komme nicht mehr ganz mit! Darf ich mal eben sagen, was ich bisher verstanden habe?"*)

* Verwenden Sie einleitende Frage-Floskeln äußerst sparsam – oder lassen Sie diese ersatzlos weg. Einleitungen wie *„Habe ich Sie richtig verstanden, dass...* *„Wollten Sie sagen, dass... „Darf ich mal eben zusammenfassen?"* sind überflüssig und nerven, wenn sie sehr häufig verwendet werden.

* Wiederholen Sie die wichtigsten Äußerungen des anderen mit eigenen Worten und mit oder ohne Fragezeichen am Ende. Formulieren Sie, als wäre es **Ihr** Argument. Das indirekte Fragezeichen (*„Haben Sie es **so** gemeint?"*) schwingt sowieso immer mit und reizt den anderen zum Widerspruch, wenn etwas nicht stimmt oder zur Zustimmung, wenn Sie genau in`s Schwarze getroffen haben.

* Zeigen Sie Ihr Interesse an der Meinung des Gesprächspartners auch nonverbal durch eine zugewandte Körperhaltung, Blickkontakt, Lächeln, Nicken, kurze Bestätigungen (*„mhm"*).

Beispiel für einen zweiseitigen kontrollierten Dialog

A: *Ich finde eine solche Gesprächsform furchtbar unrealistisch, sollen wir denn das überhaupt machen?*

B: Wir sollten diese Übung nicht machen, weil sie wenig mit der Wirklichkeit zu tun hat?

A: *Stimmt.*

B: Ich glaube aber, dass es wohl sinnvoll sein kann, so etwas einmal auszuprobieren und zu üben.

A: *Du meinst also, das sei gar nicht so unrealistisch?*

B: Nein, das stimmt nicht. Was ich meine, ist, dass wir auch in einer künstlichen Situation etwas Nützliches erfahren können.

A: *Also eine künstliche Situation kann auch eine brauchbare Lernsituation sein, und deswegen sollten wir es mal probieren?*

B: Ja.

Training des Kontrollierten Dialogs

Sie möchten den Kontrollierten Dialog einüben? Dazu eignet sich am besten eine Gruppe von drei Personen. Zeitaufwand: Mindestens zwei bis drei Stunden. Die Rollen verteilen sich auf zwei Diskutanten und einen Beobachter. Sie entscheiden sich für ein beliebiges Thema, das sich gut in Pro- und Contra-Form diskutieren lässt. (Soll die Tabaksteuer weiter erhöht werden?)

Ablauf und Regeln

1. A äußert eine Empfindung, einen Gedanken, eine These „pro" zu dem Sachverhalt oder Problem.

2. B wiederholt die wichtigsten Aussagen von A mit eigenen Worten.

3. C beobachtet das Gespräch, achtet auf die Einhaltung der Regeln und versucht gegebenenfalls durch Rückfragen zu klären, aus welchem Grunde einer der beiden den anderen nicht richtig verstanden hat.

4. A bestätigt B entweder, dass er sich richtig verstanden fühlt oder korrigiert noch einmal die Aussage von B.

5. B gibt A, sofern dieser eine Korrektur vorgenommen hat, erneut Rückmeldung. usw.

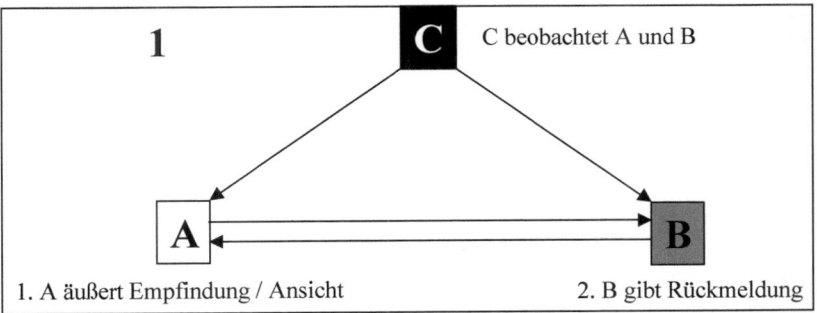

6. B äußert nun seinerseits eine Empfindung, einen Gedanken, eine These „contra" zu dem Sachverhalt oder Problem.

7. A wiederholt die Äußerung von B sinngemäß.

8. C beobachtet das Gespräch, achtet auf die Einhaltung der Regeln und versucht gegebenenfalls durch Rückfragen zu klären, aus welchem Grunde einer der beiden den anderen nicht richtig verstanden hat.

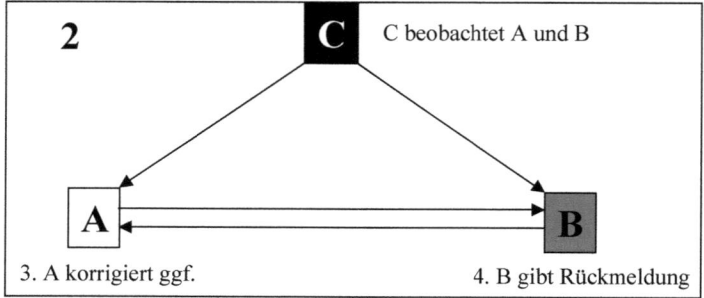

Wenn die Argumente ausgegangen sind (oder spätestens nach 15 Minuten), brechen Sie die Debatte ab. Jeder der drei Beteiligten schildert seine Eindrücke. Meist wird die große Überraschung beschrieben, wie schwierig es ist, mit den Gedanken ganz beim anderen zu sein, ohne sich schon Gegenargumente zurecht zu legen.

Nach der Auswertungsphase tauschen Sie die Beobachterrolle und führen die Debatte insgesamt mindestens dreimal (am besten mit verschiedenen Themen) durch.

Leseempfehlung zum Kontrollierten Dialog:

Schulz v. Thun, Friedemann (2002[36]): *Miteinander reden – Störungen und Klärungen.* Hamburg: rororo.

5.3. *Werkzeug III: Systemische Perturbationen*

„Man sollte alles so einfach wie möglich sehen, aber nicht einfacher."
ALBERT EINSTEIN

Das dritte Werkzeug entsteht durch die ungefilterte Anwendung systemtheoretischer Erkenntnisse. Genau genommen handelt es sich um einen ganzen Baukasten von Interventionsmöglichkeiten. Die Vielfalt mag auf den ersten Blick verwirren. Es ist aber nicht erforderlich, alle Varianten zu beherrschen, sondern der Mentor kann sich die systemischen Perturbationsmöglichkeiten Stück für Stück erschließen.

So vielfältig und komplex wie das systemische Denken ist die „Schatzkiste" systemischer Werkzeuge gefüllt, aus der Sie sich im Mentoring und Coaching bedienen können. Trotz dieser Unterschiede besitzen alle systemischen Werkzeuge eine Gemeinsamkeit. Diese verbirgt sich in dem geheimnisvollen Wort „perturbieren".

> **Perturbation** *(lat.) 1. Verwirrung, Störung; 2. Störung in den Bewegungen eines Sterns.* (Duden, Das Fremdwörterbuch, 1997)

Vielleicht hat Sie dieser Begriff schon eine Zeitlang perturbiert (gestört) und Sie fragen leicht verwirrt nach dem Sinn im Zusammenhang mit Mentoring oder Coaching?

Jeder Mensch besitzt zu jedem Thema seine ganz eigene Sichtweise; er schaut aus seinem persönlichen Blickwinkel auf die Situation. Nicht selten ist seine Deutung stabil, fest, unveränderlich geworden. Er weiß (glaubt zu wissen), „wie die Dinge wirklich sind". Der Mentor oder Coach will helfen, diese Unveränderlichkeit und Einseitigkeit aufzubrechen. Der Mensch soll angestoßen(!) werden, neue Sichtweisen einzunehmen und andere Deutungen zuzulassen.

Zum bildhaften Verständnis können Sie sich ein Mobile vorstellen, das zum Stillstand gekommen ist und durch einen Anstoß wieder in Bewegung gerät. Gerne wird auch der Vergleich verwendet, dass etwas aufgetaut wird (*unfreezing*), durch die Wärme in Bewegung gerät und danach in einem veränderten Zustand wieder gefriert (*freezing*).

Das Zauberwort „perturbieren" meint die genau richtige Weise, ein System von außen anzustoßen. Ist der Anstoß zu schwach, so bewegt sich gar nichts oder zu wenig. Wird zu viel Energie verwendet, zerstört diese das System oder es schottet sich nach außen gegen die Angriffe ab. Kommen die Anstöße immer aus derselben Richtung, wird nur eine sehr einseitige Veränderung ermöglicht.

Der perturbierende Berater bringt die Gedankenwelt eines Menschen in Bewegung, damit dieser u. a.

- versuchsweise die Sichtweisen anderer Beteiligter einnimmt,
- seine Handlungsmöglichkeiten erweitert,
- Wechselwirkungen versteht,
- Vor- und Nachteile verschiedener Wege erkennt,
- Lösungsszenarien durchspielt,
- die verschiedenen Konsequenzen *seines* Handelns oder Nicht-Handelns durchdenkt,

- die Situation in ein größeres Gesamtbild einordnet – und
- sich weiterhin für alles selbst verantwortlich fühlt.

**Perturbieren Sie durch hilfreiche Anstöße –
am besten durch ungewöhnliche Fragen!**

Die Fülle perturbierender Instrumente lässt sich am besten durch mehrtägige Fortbildungen in systemischer Beratung kennen lernen und in ihrem Einsatz erproben. Aber es ist für einen Mentor sich nicht notwendig, die gesamte systemische Schatzkiste mit sich herum zu tragen. Wir konzentrieren uns hier auf die Vorstellung von vier perturbierenden Varianten, die z. B. im Rahmen einer Mentorenausbildung gut vermittelbar sind (Systemisches Fragen, Positive Konnotationen, Symptomverschreibung, Reframing). Die Beschreibung möchte Appetit machen, aber nicht den Anspruch erheben, als Ersatz für das Training zu dienen.

1. Systemisches Fragen

Die Bedeutung des Fragens wurde bereits beim ersten Werkzeug „Führen durch Fragen" beschrieben. Prinzipiell „stört" jede Frage das Denksystem des Befragten. Für perturbierende Fragen im oben beschriebenen Sinn gibt es einen riesigen Gestaltungsspielraum. Jede Gliederung von Fragemöglichkeiten stellt eine Einschränkung dar, aber ohne Gliederung kann der Möglichkeitsraum nicht beschrieben werden. Um die Vielfalt sichtbar werden zu lassen, skizzieren wir auf Basis einer Vorlage von Kuhlmann und Rieforth (2000) 15 systemische Frageformen.

A. Verflüssigungs-Fragen

Feststehende wie dauerhafte Merkmale von festen Wahrheiten (harten Wirklichkeitskonstruktion) in Verhaltenssequenzen verflüssigen:

- *„Ab welchem Zeitpunkt hat Ihr Chef angefangen, Sie für geeignet zur Übernahme einer Führungsaufgabe zu halten?"*

- *„Sie sagten, als Ihr Kollege die Auseinandersetzung mit dem Chef hatte, nahm er sich ein Magengeschwür. Würde er beim nächsten Konflikt wieder Magen-Probleme wählen, oder könnte er seinem Ärger auf andere Weise Luft machen?"*

B. Externalisierungs-Fragen

Es findet ausnahmsweise eine Verfestigung und Verdinglichung des Problems statt. Gleichzeitig kommt es zu einer Trennung des Problems vom Problemträger. Ziel ist, eigene Kräfte gegen das Problem zu mobilisieren:

- *„Sind sie mit Ihren Versagensängsten verheiratet? Oder leben Sie zurzeit getrennt? Können Sie sich vorstellen, mal zu verreisen und die Versagensängste nicht mitzunehmen?"*
- *„Ist der Zeitdruck bei Ihnen beschäftigt? Vollzeit oder halbtags?"*

C. Kontextualisierungs-Fragen

Diese Fragen betrachten das symptomatische Verhalten als Teil eines größeren Interaktionszirkels:

- *„Wie verhält sich der Chef zu Ihnen, wenn Ihre Kollegin nicht anwesend ist?"*
- *„Wie verhält sich das Team zu Ihnen, wenn Sie in der Sitzung Ihre Bedenken äußern?"*
- *„Angenommen, Sie wollten auch weiterhin, dass das Team Sie als Sonderling betrachtet, was sollten Sie dann am besten tun?"*

D. Hypothetische Fragen

So lassen sich andere Sichtweisen, neue Handlungsmöglichkeiten und alternative Verhaltensformen einführen. Im Sinne eines 'so tun als ob' können durch Gedankenexperimente neue Wirklichkeitskonstruktionen erfahrbar gemacht und schrittweise eingeübt werden:

- *„Angenommen, Sie wären nicht in dieses Unternehmen gewechselt, ginge es Ihnen heute besser oder schlechter?"*
- *„Angenommen, es gäbe kein Mentoring, wie sähe Ihr Problem dann in einem halben Jahr aus?"*

E. Zukunftsfragen

Auf Grundlage der Kommunikationstheorie, dass die Prophezeiung des Ereignisses zum Ereignis der Prophezeiung führt, können sich aus der Vorstellung der Zukunft Lösungspotenziale ergeben:

- *„Woran würden Sie merken, dass sich Ihr Vorgesetzter mehr um Ihre Förderung kümmert?"*

- *„Wie müsste sich Ihr Mitarbeiter verhalten, um sich aus Ihrer Sicht besser zu entwickeln als Sie es bisher annahmen?"*
- *„Wie - glauben Sie - wird Ihre Abteilung in fünf Jahren dastehen, wenn nicht in die Weiterbildung der Mitarbeiter investiert wird?"*

F. Fragen nach Zielen

In jedem Beratungsprozess ist es wichtig zu verdeutlichen, was die Ziele sind, die es zu erreichen gilt. Bei der Auswahl der Ziele auf eindeutige Formulierung zu achten und dass sie den Wohlgeformtheitsbedingungen entsprechen:

- *„Was wollen Sie mit Hilfe unserer Gespräche erreichen?"*
- *„Was müssen Sie tun, um Ihrem Ziel einen Schritt näher zu kommen?"*
- *„Was können Sie dazu beitragen, um das Problem im Laufe der nächsten Zeit zu verbessern (oder zu verschlimmern)?*

G. Wunder-Fragen

Die Wunderfrage stellt eine spezielle Form der Zielfrage dar. Sie nutzt die Kraft des magischen, spielerischen und schöpferischen Denkens von Klienten. Der Fokus liegt vor allem auf den veränderten Verhaltensweisen. Hier gilt es, möglichst genau und konkret nachzufragen, um die 'magischen Vorstellungen' für die konkrete Realität nutzbar zu machen:

- *„Angenommen, in der nächsten Nacht würde Ihr Problem gelöst, woran würden Sie es am Morgen merken?"*
- *„Was würden Sie dann anders machen? Woran würden Ihre Kollegen das erkennen?"*

H. Fragen nach Visionen oder Utopien (evtl. Träumen)

Bei Personen, die dazu neigen, die Dinge sehr kritisch zu sehen oder die sich häufig durch die Aufgabenlast sehr belastet fühlen, können diese Fragen neue Perspektiven und Ressourcen entwickeln. Das Pläneschmieden nimmt sie für einige Momente heraus aus der festgefahrenen Alltagssituation:

- *„Welche Firma würden Sie gründen, wenn es Ihnen gelänge, die Firma nach ihren Wünschen zu gestalten?"*
- *„Welches Leben wurden Sie führen, wenn Sie in der Lage wären, die Welt Ihren Wünschen anzupassen und nicht umgekehrt, wie in den letzten Jahren immer mehr geschehen?"*

I. Verschlimmerungs-Fragen

Normalerweise erwartet man durch einen Beratungsprozess, dass die Probleme abnehmen und die Situation sich verbessert. Manche Klienten beharren darauf, dass die Probleme über sie hinein brechen und sie selbst keine Möglichkeit haben, darauf einzuwirken. Sie können indirekt an ihre Möglichkeiten erinnert werden, aktiv auf die Situation einzuwirken. Wenn ich eine Sache verschlimmern kann, bin ich auch in der Lage herauszufinden, was sie verbessern würde:

- *„Angenommen, Sie wollten Ihr Problem verstärken, was könnten Sie tun?"*

- *„Angenommen, Sie würden das Verhältnis zu Ihrem Kollegen noch verschlechtern wollen, was sollten Sie dann am besten tun?"*

- *„Angenommen, Sie wollten von Ihrer Organisation gekündigt werden, welche Möglichkeiten besäßen Sie?"*

J. Rückfall-Fragen

Hier geht es besonders darum, dass die Klienten einen tieferen Einblick in die Zusammenhänge von selbst gesteuertem Problemverhalten erlangen. Gerade am Ende einer Beratungssequenz eignet sich diese Frage:

- *„Was müssten Sie tun, welche Gefühle müssten Sie erzeugen, um Ihr Problem noch einmal zu bekommen?"*

- *„Was war bei diesem Rückfall anders? – Was haben Sie für sich daraus gelernt?"*

K. Fragen nach Ausnahmen

Diese Form hat eine besonders wichtige Bedeutung im Rahmen lösungsorientierter Beratungsarbeit. Die Suche nach den Ausnahmen findet die Momente, in denen das Problem nicht auftaucht. Gleichzeitig erfährt der Klient für eine begrenzte Zeit einen Eindruck von der möglichen Lösung. Bei der Explorierung der Ausnahmen ist es wichtig, die Situationen genau zu erfassen (wer sich wann, wie, wem gegenüber so oder anders verhält):

- *„Gibt es Zeiten, wo das Problem nicht auftritt? - Wie viel Zeit verbringen Sie damit?"*

- *„Wenn ich einen Kollegen von Ihnen fragen würde, der diese Ausnahme mitverfolgt hat, was für Veränderungen hat er an Ihnen bemerkt?"*

L. Skala-Fragen

Auf die Bedeutung des Unterschieds fokussierend, kann diese Frageform sowohl die momentane Situation, als auch Vergleiche und Veränderungsprozesse zu einem früheren Zeitpunkt darstellen. Anhand der Skalierung kann ein Weg gefunden werden, um über schwer beschreibbare Dinge zu sprechen:

- *„Wie hoch auf der Skala schätzen Sie Ihr Selbstwertgefühl ein? – Wie hoch müssten Sie kommen, damit Sie kein Mentoring mehr bräuchten?"*

- *„Wie hoch auf der Skala zwischen 0 und 10 schätzen Sie Ihre Motivation ein, in Ihrer Abteilung für ein gutes Betriebsklima zu sorgen?"*

- *„Was könnten Sie tun, um auf Ihrer Skala bezüglich der Zufriedenheit an Ihrem Arbeitsplatz von 4 auf 6 zu kommen?"*

M. Metapher-Fragen

Die Metapher-Fragen eignen sich besonders, um auf eine symbolische und bildhafte Art komplizierte und hochkomplexe Zusammenhänge zu erfassen. Sie gestatten einen kreativen und spielerischen Umgang mit Problem- und Lösungsmustern. Die Metaphern können sowohl vom Klienten als auch vom Berater in den Prozess eingebracht werden:

- *„Sie sprachen davon, ab und zu die Notbremse zu ziehen, was wäre anders, wenn Sie stattdessen sanft die Handbremse ziehen würden?"*

- *„Ihre Beschreibung Ihres Teams erinnert sehr an die eines Bienenschwarmes. Wer gehört denn zu den Arbeitsbienen, und wer wird den kommenden Winter überleben?"*

N. Bewältigungs-Fragen

Bei dieser Frageform werden die bisher vorhandenen (und vielleicht nicht bewussten) Fähigkeiten sowie Ressourcen der Ratsuchenden in den Vordergrund gehoben. Dadurch können auch in scheinbar hoffnungslosen Situationen zumindest Teilerfolge erzielt werden. Es werden wieder positive Anknüpfungspunkte geschaffen:

- *„Wie haben Sie es trotz der schwierigen Umstände verstanden, dies alles so zu schaffen?"*

O. Zirkuläre Fragen

„Menschen denken ständig über andere nach und darüber, was andere über sie denken und was andere denken, dass sie über andere denken, usw. Man fragt sich, was nun in den anderen vorgehe, man wünscht oder fürchtet, dass andere Leute wissen könnten, was in einem selbst vorgeht." (Laing et al., 1973)

Zirkuläre Fragen legen diese kommunikativen Wechselwirkungen offen:

- *„Wieso ärgern Sie sich über Ihren Kollegen Fischer?" „Was glauben Sie, worauf der Kollege Ihren Ärger zurückführt?"*

- *„Wie würden Sie sich verhalten wenn Sie glauben, dass Herr Fischer Ihren Ärger gar nicht mitbekommt?" „Was würde Ihr Chef denken, wenn Sie dies tun würden?"*

Nachdem die Palette des perturbierenden, systemischen Fragens ausführlich vor Ihnen ausgebreitet wurde, werden drei andere Varianten, die nicht (notwendigerweise) mit Fragen arbeiten, kurz vorgestellt.

2. Positive Konnotationen

Durch positive Konnotationen[9] nehmen Sie eine Umdeutung vor: Ein beklagtes Verhalten wird in seiner positiven Bedeutung für das Gesamtsystem beschrieben. Selbst wenn es unverändert bleibt, wird es anders gesehen als vorher. Zuweilen kann auch deutlich werden, weswegen sich jemand (unreflektiert) gegen eine Veränderung wehrt.

- *„Angenommen, Sie könnten dies wirklich nicht ändern. Welche **Vorteile** hat diese unangenehme Situation **auch** für Sie?"*

3. Symptomverschreibung

Diese Variante eignet sich insbesondere dann, wenn jemand überzeugt ist, dass es für seine Situation keine Verbesserung geben kann und alle positiven Lösungsansätze nicht helfen. Erstaunlicherweise unterlässt jemand eine unerwünschte Verhaltensweise dann, wenn ihm aufgetragen wird, sie absichtlich auszuführen.

---

[9] Konnotation = die Grundbedeutung eines Wortes begleitende, zusätzliche Vorstellung (Nacht = romantisch, kühl)

- *„O. k., Sie sind bei jeder Präsentation nervös. Bitte sagen Sie in jedem Satz mindestens einmal „Äh", bauen in jeden zweiten Satz einen Versprecher ein und lassen Ihre Hände kräftig zittern."*

4. Reframing

Reframing ist zu übersetzen mit Umdeuten, etwas in einen anderen Rahmen (Sinnzusammenhang) stellen, Kontextmarkierungen verändern.

Fast alle Witze funktionieren mit Reframing: Zwei Rechtsanwälte treffen sich: *„Wie geht`s?" „Schlecht, ich kann nicht klagen!"*

Genervter Ehemann: *„Meine Frau braucht ewig, um sich für etwas zu entscheiden. Sie muss sich sämtliche Kleider anschauen, bis sie eins mitnimmt!"* Berater: *„Wenn sie so sorgfältig entscheidet – ist es da nicht ein tolles Kompliment, dass sie von allen Männern dieser Welt ausgerechnet **Sie** gewählt hat?"*

Der Coach oder Mentor „wechselt den Rahmen", indem er gedanklich vom Beruflichen in's Private, in eine andere Firma, in ein anderes Jahrhundert, in einen anderen Bedeutungszusammenhang oder in die Rolle eines anderen Beteiligten springt.

- *„Stellen Sie sich bitte vor, Sie würden das Gespräch mit dem Niederlassungsleiter in einer Kneipe an der Theke führen."*

- *„Welche hypothetischen Erklärungen können Sie finden, die Ihnen das Verhalten Ihres Mitarbeiters doch plausibel erscheinen lassen?"*

So weit der Einblick in die Welt des systemischen Beratens. Sie haben „Lust auf mehr" bekommen? Neben der Teilnahme an systemischen Fortbildungen können Sie viele gute Bücher nutzen, um sich horizonterweiternd perturbieren zu lassen.

Leseempfehlungen für systemisches Handwerkszeug:

Königswieser, R. und Exner, A. (1998). *Systemische Intervention.* Stuttgart: Klett-Cotta.

Vogel, H.-C. et al. (19972). *Werkbuch für Organisationsberater.* Aachen: ibs.

5.4. Welches Werkzeug wann?

„ Wer als Werkzeug nur einen Hammer besitzt,
der sieht in jeder Aufgabe einen Nagel!"

PAUL WATZLAWICK

Diese von Watzlawick so schön auf die Schippe genommene Problemverwandlung kann Ihnen mit den Werkzeugen „Führen durch Fragen", „Kontrollierter Dialog" und „Systemische Perturbationen" kaum passieren. Es handelt sich um kommunikative Multifunktionsinstrumente, die in den meisten Gesprächssituationen des Mentorings passen oder wenigstens keinen Schaden anrichten.

- Mit dem Kontrollierten Dialog können Sie sich in nahezu jeder Gesprächsituation überzeugen, ob Sie den Partner richtig verstanden haben und gleichzeitig den Mentee anregen, seine eigene Position zu überprüfen und weiterzudenken.

- „Führen durch Fragen" stellt das etwas konventionellere und „Systemische Perturbationen" das ungewöhnlichere Werkzeug dar, um den Mentee (überwiegend durch Fragen) zur Überprüfung und Weiterentwicklung seiner Position sowie zur Lösungsfindung zu bringen.

Alle drei Werkzeuge sind miteinander kombinierbar und ergänzen einander. Zwei Beispiele:

- Zunächst eine Phase Kontrollierter Dialog, um das Problem des Mentees genauer zu verstehen. Daran anschließend verschiedene (systemische) Fragen, um Lösungsideen zu generieren.

- Neue Sichtweisen und Lösungsideen des Mentors, die durch Fragen entwickelt wurden, mit dem Kontrollierten Dialog überprüfen, damit der Mentor sich vergewissern kann, alles im Sinne des Senders verstanden zu haben und damit der Mentee überprüft, was er von seinen eigenen Ideen hält.

Im Folgenden wird Ihnen der typische Ablauf einer Mentoring-Sitzung zusammengestellt. Dort finden Sie auch tabellarisch zusammengefasst, für welche Phasen des Gesprächsverlaufs die vorgestellten Instrumente besonders geeignet sind (☞ Kapitel 6.5).

Auch Universalwerkzeuge kennen Grenzen

Natürlich gibt es vereinzelte Situationen, in denen die Anwendung dieser Instrumente unangemessen und wenig hilfreich ist. Zwei Beispiele, mit denen Sie rechnen müssen: Starke emotionale Reaktionen und Bitten um Auskunft.

- Der Mentee ist von einem bedeutsamen Geschehen **emotional tief berührt** (private oder berufliche Schicksalsschläge, „vernichtende" Feedbacks durch Vorgesetzte, berufliche Existenzängste usw., aber auch positive Geschehnisse wie eine unerwartete Beförderung). Hier helfen zunächst nur ein verständnisvolles Auffangen, ein einfühlendes Verstehen, ein Zulassen der Emotionen. Erst mit einigem Abstand zum Geschehen können die drei Mentoring-Werkzeuge bei der Aufarbeitung und Problemlösung helfen.

  Die detaillierte Beschreibung des optimalen Verhaltens in diesen Situationen würde den Rahmen eines Mentoring-Buches sprengen. Wir empfehlen die Teilnahme an einem Seminar zur Gestaltung von „Gesprächen in schwierigen Situationen" oder zum so genannten „helfenden Gespräch".[10]

- Der Mentee bittet Sie um eine Auskunft oder Einschätzung, **die nur Sie liefern können** und Sie sind sich sicher, dass der Fragesteller ein Recht auf diese Auskunft besitzt. Ein Beispiel: Der Mentee überlegt, ob er eine bestimmte Fortbildung besuchen soll. Er weiß, dass Sie den Anbieter sowie das Konzept kennen und bittet Sie um Einschätzung, ob diese Maßnahme für seine beruflichen Ziele die richtige ist. Natürlich können Sie sich mit Hilfe des Kontrollierten Dialogs kurz vergewissern, ob Sie das Anliegen des Mentors richtig verstanden haben. Aber statt gekünstelter Versuche, den Mentee dann selbst eine Antwort suchen zu lassen ist es angemessener, dass Sie dem Fragesteller eine direkte, ehrliche Antwort geben.

---

[10] Seminarangebote und Termine können Sie u. a. mit einer Mail an info@k-p-c.org erfragen.

6. Wie läuft Mentoring ab?

Jetzt geht es endgültig in die Praxis. Rollenverständnis, konzeptionelle und methodische Hintergründe sind geklärt. Die erste Begegnung kann stattfinden. Wie bereits mehrfach erwähnt, zielen die Ausführungen insbesondere auf Unternehmensneulinge und Nachwuchsführungskräfte, die von einem Mentor mit offiziellem Auftrag unterstützt werden sollen.

6.1. *Wie finden Mentor und Mentee zusammen?*

Falls die Zuordnung Mentor ⬌ Mentee noch nicht getroffen ist, gilt es, sich für den richtigen Weg zueinander zu entscheiden. Verfahrenstechnisch gibt es dazu mindestens sieben Möglichkeiten, die tabellarisch nach den abnehmenden Einflussmöglichkeiten des Mentees sortiert sind.

Modell	Chancen	Gefahren
Der Mentee sucht sich unter allen Managern des Unternehmens seinen Mentor aus.	• Der Mentee ist sehr motiviert. • Die Beziehung passt – zumindest einseitig.	• Der Manager will gar nicht Mentor werden. • Mentees entscheiden auf Grund der Fach- und nicht der Beraterkompetenz des Mentors.
Der Mentee wählt aus einem Pool aus – jeder Mentor kann mehrfach gewählt werden.	• Die Mentoren erfahren durch die Wahlen eine Rückkopplung. • Der Mentee ist motiviert.	• Nicht gewählte Mentoren werden gekränkt. • Der Mentee macht es sich durch die Auswahl (zu) leicht.
Der Mentee wählt aus einem Pool aus – jeder Mentor kann nur einmal gewählt werden.	• Der Mentee ist motiviert. • Die Mentoren sind gleichmäßig ausgelastet.	• Übrigbleibende passen nicht gut zusammen. • Der Entscheidungsprozess wird kompliziert.

Modell	Chancen	Gefahren
Der Mentor sucht sich seinen Partner aus – der Mentee besitzt ein Veto-recht.	• Die Beziehung passt. • Unglückliche Kombina-tionen sind vermeidbar. • Der Mentor ist moti-viert. • Der Mentee fühlt sich durch die Auswahl wertgeschätzt.	• Der Mentor sucht sich einen möglichst einfa-chen oder sympathischen Mentee. • Ein Veto bedeutet für den anderen eine Krän-kung. • Es gibt nur einen Mento-ring-Kandidaten, also ist keine Auswahl möglich.
Die Führungskräf-teentwicklung (oder die Unternehmens-leitung) ordnet Mentor und Mentee zu – beide Seiten haben ein Veto-recht.	• Die Führungskräfte-entwicklung kann ihre Menschenkenntnis an-wenden. • Entscheidungsprozess und Organisation wer-den vereinfacht. • Das Auswahlverfahren wird nicht unnötig be-deutungsschwer ge-macht.	• Mentor und Mentee fühlen sich leicht be-vormundet. • Ein Veto bedeutet für den anderen eine Krän-kung. • Geringere Motivation auf beiden Seiten.
Die Führungskräf-teentwicklung (oder die Unternehmens-leitung) ordnet Mentor und Mentee zu – beide Seiten haben kein Veto-recht.	• Die Führungskräfte-entwicklung kann ihre Menschenkenntnis an-wenden. • Entscheidungsprozess und Organisation wer-den stark vereinfacht. • Das Auswahlverfahren wird nicht unnötig be-deutungsschwer ge-macht. • Eine unerwünschte Be-ziehung stellt für Men-tee und Mentor eine besondere Lernerfah-rung dar.	• Ungeeignetheiten der Passung werden im Vor-feld übersehen. • Mentor und Mentee füh-len sich stark bevormun-det. • Geringere Motivation auf beiden Seiten.

Wer passt zu wem?

Wichtiger als das formale Verfahren ist die richtige „Passung". In der Literatur finden Sie eine Vielfalt von Vorschlägen, wie die ideale Zusammenstellung zwischen den beiden Seiten eines Beratungssystems (Berater und Klient) auszusehen hat. Drei unterschiedliche Modelle möchte ich Ihnen kurz vorstellen:

1. Das Gegenstück

Neuberger (1997) geht davon aus, dass sich die Klienten bewusst oder unbewusst den für sie subjektiv besten Beratertypen selbst suchen. Dabei wählen sie das jeweils komplementäre Modell, das heißt den Typ, der ihre Wünsche erfüllt. So wird der „Müllbeseitiger" oder „Abräumer" von denen gewählt, die sich erleichtern wollen. Ein „Alibi-Beschaffer" oder „Gefälligkeitsgutachter" erscheint jenen Klienten als goldrichtig, denen es vor allem um die Außenwirkung geht. Der „Heiland" oder „Retter" wird von Erlösungsbedürftigen gesucht. Einen Vorteil dieses Zuordnungsprozesses erkennt Neuberger darin, dass es danach nicht mehr möglich ist, einen eventuellen Misserfolg auf den Berater abzuwälzen, weil beide Seiten sich die komplementären Rollen ausgesucht haben.

2. Problemdruck und Lernbereitschaft

Mehr Gestaltungsspielraum für den Mentor lässt der Versuch von Fleischmann (1984), in Problemdruck, Lern- und Kooperationsbereitschaft die Zuordnungskriterien zu finden.

Durch die Hoch-/Niedrig-Ausprägung dieser Dimensionen entsteht ein Rollenmodell des Klienten:

Problem-druck	Lern- und Kooperationsbereitschaft	
	niedrig	hoch
hoch	vom Vorgesetzten Getriebener	Krisenbewältiger
niedrig	Imagepfleger	kooperativer Problemlöser

- Der **vom eigenen Vorgesetzten Getriebene** stellt laut Fleischmann den am häufigsten nach Beratung suchenden Klienten dar. Er steht unter hohem Problemdruck bei geringer Lern- und Kooperationsbereitschaft. Daher erwartet er eine rasche inhaltliche Problemlösung ohne die Bereitschaft, sich bzw. die unternehmerischen Abläufe zu ändern. Zu diesem Klienten passt ein inhaltsorientierter Berater. Ein Mentor oder Coach hätte die äußerst anspruchsvolle Aufgabe, den Getriebenen zum Krisenbewältiger zu entwickeln. Neue, unsichere Berater können hier schnell verzweifeln oder ihre eigentliche Rolle verlassen.

- Der **Krisenbewältiger** nutzt den hohen Problemdruck, um mit dem Berater neue Wege zu erarbeiten und für die Zukunft zu lernen. Kreative und mit hohem Tempo arbeitende Berater sind hier gefragt.

- Der **Imagepfleger** sucht nicht ernsthaft nach Rat, sondern lässt die Beratung eher zur Pflege des Unternehmensbildes nach außen durchführen. Die Glaubwürdigkeit des Beratungswunsches, die bei den anderen Kliententypen vorhanden ist, liegt bei ihm nicht vor. Mentoren und Coaches sind hier fehl am Platz.

- Der **kooperative Problemlöser** bringt die besten Voraussetzungen zu partizipativer Problemlösung und zur Übernahme neuer Lösungsmuster mit. Er erkennt seine Mitverantwortung für die Problemlösung, steht aber nicht unter hohem Problemdruck, sondern kann sich in entspannter Situation die Kompetenz aneignen, künftige Probleme allein zu meistern. Hier liegt die Herausforderung für Berater, auch ohne kurzfristiges Erfolgserlebnis und mit einem anspruchsvollen Gegenüber zu arbeiten.

3. Psychoanalytische Passung

Ein drittes Modell (Hofmann, 1991) versucht die Zuordnung von Berater und Klient auf Grund psychoanalytisch ermittelter Charakterunterschiede. Der Autor stellt die Grundregel auf, dass gleiche Typen keine erfolgreiche Beziehung zueinander entwickeln können, da kein ergänzendes Verhalten entstehen kann. Beispielsweise würde das Aufeinandertreffen eines „oral-narzißtischen" Beraters mit seiner starken Dominanz, mangelnden Kommunikationsfähigkeit und seinem hohen Von-sich-selbst-eingenommen-Sein mit einem gleichartigen Charakter beim Klienten ein sehr hohes Konfliktpotenzial aufweisen. Hingegen könnte der gleiche Berater bei anderen Typen (bürokratisch, sicherheits- oder konsensorientiert) auf Grund seiner Kreativität eine ideale Ergänzung darstellen.

Es gibt fünf psychoanalytisch unterschiedliche Charaktere, aus denen sich für die Passung Berater – Klient als Regeln ableiten lassen:

1. Zwei Typen der gleichen Stufe arbeiten nicht gewinnbringend zusammen.

2. Je weiter die Stufen von Berater und Klient auseinander liegen, desto mehr konstruktive, befruchtende Spannung ist zu erwarten.

Stufe	Charakter
1	Der kreativ unternehmerische Charismatiker
2	Der traditionell-konservative Konsensusmensch
3	Der kreativ-systematische Wissenschaftler
4	Der konservativ-bürokratische Sicherheitsmensch
5	Der „reine" Bürokrat

Was bedeuten diese Modelle für die konkrete Zuordnung Mentor - Mentee?

- Die Realität wird die oben beschriebene Vielfalt von Entscheidungsmöglichkeiten (zum Glück?) stark einschränken. Vielleicht gibt es nur einen einzigen Mentoring-Kandidaten und zwei Manager, die sich nicht in der Linie dieser Person befinden sowie für eine Mentorenfunktion auf Grund ihrer Berufserfahrung und ihres Zeitbudgets in Frage kommen...

- Ein informelles Vorfühlen durch einen Dritten (Personalentwicklung) bei beiden Seiten macht ein formelles Vetorecht überflüssig und sorgt dafür, dass nicht Feuer und Wasser aufeinander prallen.

- Trauen Sie als Mentor Ihrem ersten Eindruck! Wenn ein Gefühl der Unsicherheit bleibt, ob Sie ein richtiges Gespann abgeben, werden Sie dies vermutlich lange als schwere Bürde mit sich herum schleppen müssen.

- Sympathie entsteht durch Gemeinsamkeiten und schafft die Voraussetzung für wachsendes Vertrauen. Zu viel Sympathie und private Nähe kosten den Mentor die innere Unabhängigkeit und die notwendige Distanz für perturbierende Interventionen. Bilden Sie also Gespanne mit einer gegenseitigen Grundsympathie und beobachten Sie (auch mit Ihrem eigenen Coach), ob Ihnen Ihre Unabhängigkeit bleibt.

> **Das richtige *Matching*[11] Mentor ⇔ Mentee erhöht die Wahrscheinlichkeit für einen Erfolg des Mentorings!**

---

[11] *Matching*: passende Zuordnung

6.2. Mit welchen Themen ist zu rechnen?

Die Vielfalt von Anlässen, Zielgruppen und Mentorenrollen lässt ein breites Spektrum von individuellen Problemen und Herausforderungen erwarten, die durch den Mentee (oder auch durch den Mentor) angesprochen werden. Mag gesellschaftlich und wirtschaftlich auch noch so viel „im Fluss" sein – der Grundkanon von Themen dürfte sich „seit den alten Griechen" kaum verändert haben. Mit diesen Themen sollten Sie daher auf jeden Fall rechnen und sich entsprechend vorbereiten:

Typische Mentoring-Themen

- Verhaltens- und Beziehungsprobleme (z. B. Umgang mit Vorgesetzten),
- Kommunikationsprobleme,
- mikropolitische Probleme (wo stehen die „Fettnäpfchen" persönlicher Bindungen?),
- Fehlbeanspruchungen (Stress, Burnout, Gesundheitsgefährdungen),
- (Selbst-)Wahrnehmungsprobleme (die „rosarote Brille" des Betreuten),
- Karrierefragen,
- persönliche Lebenspläne,
- Krisen und
- Organisationskonflikte.

(nach Kastner, 1993)

6.3. Das erste Mal…

Der Mentor und sein Partner haben sich (nun endlich) gefunden – oder sind einander zugewiesen worden. Sie nehmen telefonisch Kontakt miteinander auf, besuchen einander kurz im Büro oder tauschen eine E-Mail aus, um ein erstes Treffen zu vereinbaren. Die Initiative sollte im Zweifel von demjenigen ausgehen, der sich den anderen als Partner gewählt hat.

Wichtigstes Ziel des ersten Treffens: Ein Arbeitsbündnis schließen (formell und psychologisch).

Die erste Zusammenkunft von Mentor und Partner stellt die Weichen. Was hier misslingt, kann nur schwierig wieder aufgeholt werden.

Manchmal arbeitet die Personalabteilung vor und klärt in Einzelgesprächen mit beiden Seiten organisatorische Details bzw. macht entsprechende Vorgaben. Falls mehrere Mentoren zeitgleich ihre Arbeit aufnehmen, wird vielleicht ein Kick-off-Meeting abgehalten. Unabhängig davon gehören alle wichtigen Aspekte, die Ihre Arbeitsbeziehung betreffen, (erneut) in die erste Sitzung. Dies ist unerlässlich, um Eindeutigkeit herzustellen sowie um Verbindlichkeit und Vertrauen wachsen zu lassen.

- **Rahmenbedingungen**: Wie lautet der genaue Auftrag für das Mentoring? Wem ist Bericht zu erstatten? Wo gilt die Schweigepflicht (nicht)?

- **Organisatorisches**: Wo finden die Treffen statt? Wie lange dauern sie? Wie können Störungen (Telefon) vermieden werden? Wie wird der Zeitaufwand verbucht?

- **Psychologisches**: Was erwartet der Partner vom Mentor und umgekehrt? Wie sollen sich beide idealerweise verhalten? Warum sind ausgerechnet wir beide zusammengekommen? Wer hat dies so gewollt – und mit welchem Hintergrund?

- **Menschliches**: Wenn sich Mentor und Partner bisher gar nicht oder nur wenig kennen, gehört ein beidseitiger Austausch über die persönliche und berufliche Lebenssituation unbedingt zum ersten Treffen: Werdegang, Familienstand, Hobbies.

- **Zielsetzung**: „*Wo möchten Sie* (der Mentee) *am Ende des Mentoring-Prozesses stehen?*"

 Beim ersten Treffen steht der Abschluss des formellen und zwischenmenschlichen Arbeitsbündnisses im Vordergrund!

6.4. Und dann?

Die Zeitdauer zwischen zwei Sitzungen hängt stark ab vom Auftrag des Arbeitgebers sowie von den Wünschen des Gesprächspartners und den Terminkalendern beider Beteiligten. Als Faustregeln gelten:

- Am Anfang des gemeinsamen Arbeitens sollen die Sitzungen dichter aufeinander folgen; im Prozessverlauf vergrößern sich die Abstände allmählich.

- Mentoring ist prozesshaftes Arbeiten, das von der Umsetzung der Erkenntnisse in den (Berufs-)Alltag lebt. Daher muss zwischen zwei Sitzungen genügend Zeit für neue Erfahrungen liegen, aber der Anschluss und die Erinnerung an das letzte Treffen dürfen nicht durch zu große Abstände verloren gehen.

- Bei wichtigen akuten Ereignissen sollten beide Seiten kurzfristig anberaumte „Krisensitzungen" ermöglichen ohne auf den nächsten Fixtermin zu warten.

In der Praxis bilden sich Frequenzen zwischen einmal wöchentlich und einmal in zwei Monaten heraus. Wenn das Mentoring formal beendet ist, können noch längere Abstände (jährlich) zur „Inspektion" vereinbart werden. In Ausnahmefällen mag sich sogar eine Langzeitbegleitung („bis zum Lebensende", ☞ Kapitel 1.3) entwickeln.

6.5. Eine typische Mentoring-Sitzung

Jedes Treffen ist anders. Dennoch bietet sich ein Muster an, das sinnvollerweise jedes Meeting durchwebt:

1. In Kontakt kommen, Warming-Up: *„Wie geht es Ihnen?" „Was gibt es Neues?"* Auch der Mentor sollte kurz etwas von sich erzählen.

2. „Hausaufgaben überprüfen": *„Was ist aus dem geworden, das Sie sich vorgenommen hatten?" „Wie schaffen Sie es, dass dies bis zum nächsten Mal hundertprozentig gelingt?"*

3. Tagesziele vereinbaren und Agenda erstellen: *„Was möchten Sie heute bearbeiten?" „Wie weit sollen wir mit diesem Thema heute kommen?" „Welches unserer Fernziele müssen wir langsam in den Blick nehmen?"*

4. Die jeweilige Realität wahrnehmen und perturbieren: *„Wie sehen Sie die Situation?" „Was glauben Sie, wie andere Hauptbeteiligte das sehen?" „Was werden Sie selber in fünf Jahren dazu sagen?"*

5. Interventionen zur Zielerreichung: *„Wie gelingt es Ihnen, da hin zu kommen, wo Sie hin möchten?"*

6. Prävention: *„Was lernen Sie aus diesem Thema für andere Situationen?"*

7. „Neue Hausaufgaben": *„Was nehmen Sie sich bis wann vor?"*

8. Feedback: *„Wie haben Sie unser heutiges Treffen erlebt?" „Was waren Ihre wichtigsten Erkenntnisse?" „Was könnte ich als Mentor besser machen?"*

> **Die Sitzungsstruktur konsequent durchhalten, die Themen aus aktuellem Geschehen und langfristigen Zielen herleiten!**

In Kapitel 5 haben Sie die Universalwerkzeuge zur Gestaltung des Mentorings kennen gelernt. Angewandt auf die acht Phasen einer Sitzung bestätigt sich, dass diese drei Kommunikationsinstrumente äußerst vielseitig sind.

Gesprächsphasen und Werkzeuge

	Phase	Führen durch Fragen	Kontrollierter Dialog	Systemisches Perturbieren
1	Kontakt	+		
2	Hausaufgaben alt	++	+	+
3	Ziele	+	++	+
4	Realität	+	+	++
5	Intervention	+	+	++
6	Prävention	+	+	++
7	Hausaufgaben neu	++	+	
8	Feedback	++	+	+

+ = geeignet   ++ = sehr gut geeignet

Natürlich ereignen sich im Mentoring Situationen, in denen weder der typische Gesprächsablauf, noch die drei Werkzeuge angemessen sind. Beachten Sie dazu bitte die Hinweise auf Seite 87!

7. Wie werden Sie ein guter Mentor?

Nicht zufällig am Schluss dieses Buches werden Sie erneut mit der Frage konfrontiert, ob Sie sich auf das Mentoring einlassen möchten und welche Konsequenzen dies für Sie nach sich zieht.

7.1. Die fünf großen O des MentOrings

Können Sie mit gutem Gewissen „JA!" sagen?

Sie stehen vor der Frage, ob Sie sich auf eine Mentorentätigkeit einlassen sollen? Dann bietet Ihnen der Check am Ende dieses Buches eine gute Möglichkeit um einzuschätzen, ob Sie gute persönliche Voraussetzungen mitbringen und wie die Rahmenbedingungen zu bewerten sind, die Ihnen Ihr Unternehmen zur Verfügung stellt.

Versuchen wir es mit einem englischen Stabreim als Gedächtnisstütze:

> **Das Muss für jeden MentOr:**
>
> - **O**ptimism! (positives Menschenbild ☞ Kapitel 4.1)
>
> - **O**penness! (Lernbereitschaft, Neugier, Unvoreingenommenheit)
>
> - **O**rganizational experiences! (Unternehmens-, Berufs- und Lebenserfahrung)

Aber selbst ein hervorragender Mentor kann wenig bewegen, wenn das Unternehmen nicht mitspielt. Daher sollten Sie vor einem „JA!" die Rahmenbedingungen klären, wie schon an verschiedenen Stellen dieses Buches beschrieben. Die beiden wichtigsten Fragen:

1. Wie lautet Ihr genauer Auftrag? (☞ Kapitel 1.2)

2. Wie ist die Schweigepflicht / Berichtspflicht geregelt? (☞ Kapitel 1.4)

Starten Sie nicht ohne Klärung der Mindestvoraussetzungen!

Das Muss für die Organisation:

- **O**bvious order! (klarer Auftrag ☞ Kapitel 1.2)

- **O**ut of publicity! (eindeutige Verschwiegenheitsregeln ☞ Kapitel 1.4)

Sind Sie persönlich der **O-Typ** und arbeiten Sie in der für Ment**O**ring idealen Organisation? Um Ihre individuelle Einschätzung zu erleichtern, absolvieren Sie bitte jetzt zunächst den Mentoren-Check am Ende des Buches (☞ Seite 108 ff) und lesen dann hier weiter!

Sie haben den Mentoren-Check absolviert?

Bringen Sie gute persönliche Voraussetzungen mit? Sind die Rahmenbedingungen akzeptabel? Auf beide Fragen konnten Sie hoffentlich eine befriedigende Antwort erhalten. Sie wissen, ob die Aufgabe des Mentors nun auf Sie zu kommt oder was Sie vor der endgültigen Entscheidung noch klären müssen.

Falls Sie dennoch Zweifel verspüren, gehen Sie denen bitte unbedingt nach und investieren eine halbe Stunde Zeit, um für sich eine individuelle Gegenüberstellung zu entwickeln:

Soll ich Mentor werden? Es sprechen	
dafür:	**dagegen:**
• eigene Weiterbildungsmöglichkeiten • potenzielle Erfolgserlebnisse • ich kann einem netten Kollegen helfen • meine eigenen Karrierechancen werden erhöht • ich finde diese Aufgabe total spannend • …..	• Zeitaufwand • gesundheitliche Bedenken • kein klar formulierter Auftrag • es drohen Enttäuschungen, wenn ich „mein Herzblut" in eine andere Person investiere • …..

Gibt es ein „Killer-Argument"? Überprüfen Sie Ihre Bedenkenliste, bei welcher Aussage ein Alarmlicht leuchtet (z. B. gesundheitliche Bedenken wegen einer neuen Aufgabe ohne zusätzliche Entlastung). Lässt sich dieses Alarmlicht durch eindeutige Zusagen (z. B. bezüglich Entlastungen) auslöschen?

Wenn kein Alarmlicht (mehr) leuchtet, fällt eine Abwägung, ob die Vor- oder Nachteile überwiegen, meist nicht schwer.

Zusätzlich hilft Ihnen, mit einer Person Ihres Vertrauens (aus dem beruflichen oder privaten Bereich, ggf. auch ein externer Coach) Ihre Entscheidungstabelle für oder gegen die Mentorentätigkeit durchzusprechen und zu hinterfragen.

7.2. Die Qualifizierung

Sie haben sich grundsätzlich für die Übernahme der Mentorenfunktion entschieden? Dann wird Ihnen die zuständige Stabsstelle Ihres Unternehmens hoffentlich ein Seminar oder einen Workshop anbieten, um sich auf diese Aufgabe vorzubereiten.

Natürlich hängt es sehr stark von Ihren Vorkenntnissen ab, welche Seminarthemen für Sie die richtigen sind. Nicht immer lässt sich ein ideales Programm maßschneidern. Nur die wenigsten Manager sind so umfassend vorgebildet, dass sie ganz ohne Qualifizierung in ihre neue Aufgabe starten können.

Falls Ihr Unternehmen kein eigenes Weiterbildungsseminar für werdende Mentoren anbietet, ist es nicht einfach, speziell für diese Zielgruppe auf dem freien Markt Ersatz zu finden[12].

Wie bereits beschrieben (☞ Kapitel 3), können Maßnahmen für Manager mit Coachingkompetenz (Führen durch Fragen, systemisches Führen) oder für Coaches (systemisches Denken und Handeln, Coachingkompetenz) eine brauchbare Ersatzfunktion übernehmen.

Die Personal- oder Führungskräfteentwicklung ist bereit, speziell für Sie und einige Kollegen eine interne Schulung durchzuführen? Prima! Ideal wäre ein dreitägiger Workshop mit Wissensvermittlung, Trainingsphasen und Feedbacks. Die Investition wird sich garantiert auszahlen, da insbesondere für das Einüben der Werkzeuge genügend Zeit zur Verfügung steht. Sollte sich dieser Zeitansatz nicht realisieren lassen, ist ein eintägiges Intensivseminar immer noch die bessere Wahl als keine Vorbereitung. Eine kürzere Trainingsphase ist insbesondere dann zu verantworten, wenn die Mentoren nach dem Start regelmäßig an Gruppencoachings oder Kollegialer Beratung teilnehmen können (☞ Kapitel 7.3).

---

[12] Bitte senden Sie bei Interesse an frei zugänglichen Mentoren-Seminaren eine Mail an info@k-p-c.org.

Minimum: Vorschlag für ein Intensiv-Tagesseminar

Zeit	Inhalt	Methode
	Vormittag: Konzept	
09.00	Organisatorisches, Erwartungen, Erfahrungen	
09.30	Die Personalentwicklung informiert über Rahmenbedingungen	Statements mit Rückfragen
10.00	Das Mentorenkonzept aus organisationspsychologischer Sicht (Ziele des Mentorings, Rollenverständnis, Aufgaben und Kompetenzen des Mentors, Methodeninventar)	Wechsel aus Kurzreferaten und Diskussionsphasen
10.45	Pause	
11.00	Fortführung des Konzeptes	
12.15	Mittagspause	
	Nachmittag: Instrumente / Training	
13.00	❶ Führen durch Fragen	Input, Trainingsgruppen, Auswertung
14.00	❷ Der Kontrollierte Dialog	Input, Trainingsgruppen, Auswertung
15.00	Pause	
15.20	❸ „Coach the Mentor": Systemisches Perturbieren des eigenen Mentorenkonzeptes	Input, Trainingsgruppen, Auswertung
16.45	Offene Fragen an Trainer und Personalentwicklung	kurze Statements
17.00	Feedback: Lernerfahrungen / Verbesserungsvorschläge, Vereinbarungen über weitere Treffen (Coaching)	
17.30	Ende	

Ideal: Vorschlag für ein Drei-Tages-Seminar

Tag 1 Schwerpunkt: Konzept	Tag 2 Schwerpunkt: Instrumente und Training	Tag 3 Schwerpunkt: Transfer
Das Mentorenkonzept aus organisationspsychologischer Sicht: • Ziele des Mentorings • Rollenverständnis • Auftrag, Aufgaben und Kompetenzen des Mentors • Führungsmodelle • Methodeninventar	• Der Kontrollierte Dialog (Wissensvermittlung, Training und Feedback) • Führen durch Fragen (Wissensvermittlung, Training und Feedback) • Systemisches Denken und Handeln (Wissensvermittlung)	• Systemisches Perturbieren (Training und Feedback) • „Coach the Mentor" (die Startphase in das Mentoring wird simuliert) • offene Fragen u. weitere Unterstützungsangebote

Ihr Unternehmen will Ihnen keine Weiterbildung bezahlen? Dann müssten Sie (erneut) darüber nachdenken, wie ernst das gesamte Mentoring-Konzept in dieser Firma wohl genommen wird und ob Sie sich wirklich auf diese Aufgabe einlassen sollen…

> **Die Mindest-Vorbereitung vor Beginn des Mentorings:**
> **Eintägiges Intensiv-Seminar!**

7.3. Während des Mentorings

Ebenso wichtig wie die Vorbereitung ist eine gute Begleitung für Sie während des Mentorings, insbesondere während der ersten Monate. Die Entdeckung blinder Flecken und neuer Sichtweisen bei Ihrem Mentee ist für Sie eine permanente Anfrage, wie es damit bei Ihnen selbst aussieht.

Mindestens zwei Begleitungsmöglichkeiten während des Mentorings sind denkbar:

1. **Die kollegiale Beratung**: In regelmäßigen Abständen treffen sich die Mentoren Ihres Unternehmens zum Erfahrungsaustausch. Diese Meetings können mit oder ohne Moderation durch eine Stabsstelle stattfinden. Vorteile: Relativ geringe Kosten und hohe Effektivität; Unternehmensspezifika können mit anderen Insidern geklärt werden. Großer Nachteil: Viele Kollegen kennen die Mentoring-Partner der anderen. Ihr Mentee erleidet u. U. Nachteile und Sie verletzen die Verschwiegenheitsvereinbarung, wenn Sie sich von Kollegen aus dem gleichen Unternehmen beraten lassen.

   Wenn Sie die Kollegiale Beratung ohne externe Moderation durchführen, finden Sie eine hervorragende Anleitung bei Tietze, 2003.

2. „**Coach the Mentor**": Ein interner (mit Verschwiegenheitspflicht!) oder externer Coach unterstützt, entlastet und „perturbiert" Sie mindestens einmal im Quartal. Außer etwas höheren Kosten weist dieses Einzelcoaching keine spezifischen Nachteile gegenüber der kollegialen Beratung auf. Es erzeugt einen sehr kongruenten Eindruck, wenn der Mentor sich zumindest gelegentlich das gönnt (oder zumutet), was er selbst mit seinem Mentee praktiziert.

Natürlich ist auch eine Mischung dieser beiden Unterstützungsformen denkbar, indem ungefährlichere Themen kollegial ausgetauscht werden und das andere im Coaching bearbeitet wird.

> Leseempfehlung für die Kollegiale Beratung:
>
> Tietze, K.-O. (2003). Kollegiale Beratung – Problemlösungen gemeinsam entwickeln. Reinbek: rororo.

7.4. Was haben Sie davon?

Ihre individuelle Antwort wurde bereits formuliert: Es sind alle Vorteile, die Sie selber in der Tabelle „Soll ich Mentor werden?" weiter oben aufgelistet haben. Falls Sie die Gegenüberstellung noch nicht ausgefüllt haben, wäre dies ein Anlass, es nachzuholen (☞ Kapitel 7.1).

Ein Vorteil ist quasi garantiert: Die Auffrischung oder Weiterentwicklung Ihrer beraterischen Kompetenzen wird Ihr Führungsverhalten im eigenen Team weiter verbessern.

Einen zweiten Vorteil müsste Ihnen Ihre Firma garantieren: Nach der Maxime „Wer selber fördert, wird gefördert" sollte Ihr syn-egoistisches[13] Verhalten auf jeden Fall positive Konsequenzen für den eigenen Karriereweg im Unternehmen haben (Kastner, 1999)!

Das dürfen Sie mit Recht erwarten:
Wer selber fördert, wird gefördert!

7.5. *Die unterstützenden Aufgaben der Personalentwicklung*

In mindestens 6 Aufgabenfeldern kann die Personal- (oder Führungskräfte-) Entwicklung ihren spezifischen Beitrag zum Gelingen des Mentorings leisten:

1. Mentoring anstoßen / implementieren

In (fast) jedem mittleren oder großen Unternehmen könnte Mentoring eine hilfreiche Unterstützungsform darstellen. Ist dies noch unbekannt oder nur als rudimentäre Idee vorhanden, sollte die Personalentwicklung (= PE) top-down über die Chancen und den Aufwand informieren sowie Bedenken auszuräumen versuchen. Die Rahmenbedingungen sind zu klären: Budget, Schweigepflicht, Zielgruppen etc. Mentoring wird nur dann auf Dauer erfolgreich sein, wenn die Unternehmensleitung es zumindest wohlwollend mitträgt und alle wichtigen Rahmenbedingungen eindeutig geklärt sind.

2. Mentees und Mentoren suchen

Manche gestresste, überforderte Nachwuchsführungskräfte wenden sich ohnehin hilfesuchend an die PE. Andere „leiden im Stillen". Insbesondere Vorgesetzte müssten erkennen, wer aus ihrem Team Unterstützungsbedarf hat. Je nach dem vorgegebenen Umfang und den Zielgruppen des Mentorenprogramms geht die Personalentwicklung aktiv auf Suche nach den in Frage kommenden Personen. Eine endgültige Entscheidung zur Aufnahme in den Mentorenkreis liegt bei dem jeweiligen Vorgesetzten und der Unternehmensleitung.

---

[13] Win-win-Prinzip, bei dem der Einzelne **und** das Unternehmen profitieren – im Unterschied zu Altruismus und Egoismus (☞ Kastner, 1999).

Die erwünschte Frage zur Mentorensuche lautet: *„Wer ist am besten geeignet?"* Leider wird diese Frage in der Realität überlagert von *„Wer hat Zeit?"* und *„Wer ist bereit?"* Tipps zur Auswahl von Mentoren finden sich an verschiedenen Stellen dieses Buches (☞ Kapitel 7.1). Manche Manager lassen sich vielleicht mit dem Hinweis gewinnen, dass sie durch ihre Mentorentätigkeit mittelfristig deutlich für ihre eigene Führungsaufgabe profitieren.

3. Mentoren ausbilden (lassen)

Selbst für Manager, die *„überhaupt keine Zeit haben"*, gehört wenigstens ein Kick-off-Workshop zum Pflichtprogramm. Je nach personellen Ressourcen und Kompetenzen in der Personalentwicklung und abhängig von der Zahl neuer Mentoren ist zu entscheiden, ob die Ausbildung mit externer Unterstützung durchgeführt wird. (Anregungen dazu ☞ Kapitel 7.2)

4. Matching – Die passenden Personen zusammenführen

In Kapitel 6.1 wurden bereits die unterschiedlichen Arten beschrieben, wie Mentee und Mentor zueinander finden können. Dort konnten Sie ebenfalls lesen, welcher „Beratertyp" zu welchem Klienten passt. Die Mitwirkung der Personalentwicklung gestaltet sich in Abhängigkeit von dem gewählten Verfahren: Wenn Mentees sich ihre Mentoren selber aussuchen (dürfen), besteht die Dienstleitung der PE nur in der Veröffentlichung der Namenslisten und ggf. organisatorischer Unterstützung. Falls das Zusammenspannen der beiden Seiten durch die PE geschieht, sind viel Fingerspitzengefühl und Menschenkenntnis gefragt. Mentor und Mentee sollten auf jeden Fall ein Vetorecht eingeräumt werden, wenn sie mit dem jeweils anderen nicht zusammenarbeiten können oder möchten!

5. Prozessbegleitung und Vernetzung

Ideal wäre es, wenn sich die Mentoren in regelmäßigen Abständen zu Austauschrunden (Gruppencoaching, kollegiale Beratung) zusammenfinden könnten (☞ Kapitel 7.3). Vielleicht erlebt ein Mentor-Mentee-Paar seine Zusammenstellung doch nicht als passend und wünscht einen „Partnertausch". Oft werden in den Mentoring-Sitzungen Wissensdefizite erkannt, die am einfachsten durch Workshops oder Seminare aufgearbeitet werden. In kritischen Situationen wünscht eventuell ein Mentor oder auch ein Mentee kurzfristig Unterstützung durch einen externen (und zu vermittelnden) Coach. Die Unternehmensleitung will (oder sollte) durch regelmäßige Zwischenberichte über den Fortgang des Mentorings informiert werden.

6. Evaluation

Am Ende eines Mentoring-Prozesses ist Bilanz zu ziehen: Wurden die gesetzten Ziele erreicht? Wie sehen die weiteren Entwicklungsschritte für die Teilnehmer aus? Welche für das Mentoring oder für die ganze Organisation hilfreichen Lernerfahrungen können Mentoren und Mentees benennen? Ist der Mentor bereit, sich auf einen neuen Mentee einzulassen?

Auch eine Wirtschaftlichkeitsberechnung sollte vorgenommen werden: Welche materiell messbaren Vorteile sind dem Unternehmen durch das Mentoring entstanden? (Die gesteigerten Kompetenzen der Mentoren, weniger Reibungsverluste an den Schnittstellen, aufstrebende Talente konnten im Unternehmen gehalten werden und wechselten nicht zu einem Mitbewerber, Führungspositionen können günstiger mit eigenen Leuten besetzt werden, auch die Mentoren haben an Kompetenz gewonnen usw.) Dem sind entstandene Kosten gegenüber zu stellen: Gehaltsanteile sowie Infrastrukturkosten für Mentoren und Mentees, Fortbildungen der Mentoren, Aufwand der Personalabteilung etc.

Mentoren aus der ersten Führungsebene verursachen naturgemäß sehr hohe Kosten. Andererseits sind ihre Kontaktmöglichkeiten und Netzwerke nahezu unbezahlbar. Es darf vorausgesetzt werden, dass diese TOP-Manager sich sehr zielgerichtet für das Mentoring und für einzelne Mentees entscheiden. Alternativ ist die Zusammenarbeit mit einem externen (und preisgünstigeren) Coach denkbar, der das Coaching für die TOP-Mentoren übernimmt, während der TOP-Manager sich mit weniger Zeitaufwand um das Networking kümmert.

Diese unvollständige Aufzählung zeigt, dass die Personalentwicklung nach dem Ankurbeln des Prozesses keinesfalls „außen vor" ist, sondern permanent weiter gefragt bleibt.

Business-Mentoring bietet das Potenzial für einen hohen *Return on Investment*. Nicht nur Mentee und Mentor profitieren durch Lernchancen, Kontakte und Förderung. Wenn Mentoring so ernst genommen wird wie dieses Buch es vermitteln wollte, leistet es einen kaum zu überschätzenden Beitrag für das ganze Unternehmen auf dem Weg zu einer lernenden Organisation.

8. Zusammenfassender Check:
Sind Sie ein guter Mentor?

Abschließend verfügen Sie über die Möglichkeit, Ihre persönlichen Voraussetzungen und die Rahmenbedingungen Ihres Unternehmens für das Mentoring grob einzuschätzen. Dieser Fragebogen ist insbesondere für Personen geeignet, die als Mentoren für Unternehmensneulinge und Nachwuchsführungskräfte tätig sind oder unmittelbar vor der Übernahme dieser Aufgabe stehen.

Es handelt sich um **keinen wissenschaftlich standardisierten Test**, daher sind die ergebnisbezogenen Empfehlungen lediglich als „perturbierende" Anregungen zu verstehen.

Für Personalentwickler und Unternehmensverantwortliche sind die Fragen 19 bis 38 von besonderem Interesse. Dort können Sie die Qualität der Rahmenbedingungen prüfen, unter denen in Ihrem Unternehmen Mentoring geschieht oder geschehen soll.

Alle anderen Leserinnen und Leser sind eingeladen, den Check als Zusammenfassung des Buches durchzuarbeiten und sich gerne ebenfalls in den Antworten zu versuchen. Die eine oder andere Frage werden Sie allerdings nicht beantworten können und die Interpretation Ihres Ergebnisses besitzt deswegen eine sehr beschränkte Aussagekraft.

Ihnen werden pro Frage zwischen drei und fünf Antwortmöglichkeiten angeboten. Bitte entscheiden Sie sich für genau eine dieser Varianten. Sollte keine der Formulierungen exakt zutreffen oder passen mehrere Anwortmöglichkeiten, wählen Sie bitte jene, die Ihrer Situation am meisten entspricht.

1. In wie vielen Unternehmen waren Sie bereits beruflich tätig?

☐ a) Nur bei meinem aktuellen Arbeitgeber.

☐ b) In mindestens zwei Unternehmen derselben Branche.

☐ c) In mindestens zwei Unternehmen verschiedener Branchen.

2. Wie alt sind Sie?

☐ a) Älter als 40 Jahre.

☐ b) Zwischen 30 und 40 Jahre.

☐ c) Jünger als 30 Jahre.

3. Wie viele verschiedene Funktionen haben Sie in Ihrem gegenwärtigen Unternehmen ausgeübt?

☐ a) Eine.

☐ b) Zwei.

☐ c) Drei.

☐ d) Mehr als drei.

4. Wie gut kennen Sie die „Fettnäpfchen" in Ihrem Unternehmen?

☐ a) Ich trete selber noch gelegentlich in ein unbekanntes hinein, merke dies aber nachher.

☐ b) So etwas gibt es bei uns nicht!

☐ c) Es hat eine Zeit lang gedauert, aber inzwischen weiß ich, welche ungeschriebenen Gesetze bei uns gelten und was der Unternehmenskultur eindeutig widerspricht.

5. Sie erzählen unternehmensfremden Menschen von Ihrem Arbeitsalltag. Wie verständlich können Sie sich auszudrücken?

☐ a) Ich erzähle anderen nie von meinem Arbeitsalltag.

☐ b) Ich bin mir unseres internen Sprachgebrauchs sehr bewusst und übersetze sorgfältig in die Alltagssprache. Fast alle Zuhörer können mir folgen.

☐ c) Über diese Frage habe ich noch nie nachgedacht.

☐ d) Ich merke häufig, dass die Zuhörer nicht oder nur teilweise verstehen, wovon ich rede.

6. Wann haben Sie das letzte Mal an einer mindestens eintägigen Fortbildung oder einem mehrstündigen Coaching teilgenommen?

☐ a) Innerhalb des letzten Jahres.

☐ b) Ich erinnere mich nicht mehr.

☐ c) Vor ein bis drei Jahren.

☐ d) Vor mehr als drei Jahren.

7. Was halten Sie persönlich vom lebenslangen Lernen?

☐ a) Im Prinzip sinnvoll, aber ich bin so ausgelastet, dass ich dazu kaum Zeit erübrigen kann.

☐ b) Ich lerne durch meinen Arbeitsalltag und das reicht mir.

☐ c) Ich reserviere eine Mindestzeit für Fortbildungen.

☐ d) Eigenes Lernen bereitet mir viel Freude und wird bei meinen Planungen auch zukünftig eine hohe Priorität besitzen.

8. Wie reagieren Sie auf kritische Rückmeldungen, die Sie von Kollegen, Mitarbeitern oder Vorgesetzten erhalten?

☐ a) Ich bin mir nicht sicher, ob ich mich gegenüber den Kritikern immer richtig verhalte.

☐ b) Diese führen meist zu offenen, hilfreichen Gesprächen mit dem Feedbackgeber und ich lerne daraus, auch wenn es unangenehm ist.

☐ c) Ich erhalte keine kritischen Rückmeldungen.

☐ d) Ich höre sie mir an und fertig.

9. Wie häufig geben Sie Ihren Mitarbeitern, Kollegen oder Vorgesetzten ein positives Feedback (Lob)?

☐ a) Das gehört für mich zum Arbeitsalltag, ich achte sorgfältig darauf.

☐ b) Es bleibt außergewöhnlichen Leistungen vorbehalten.

☐ c) Fast nie, mich lobt ja auch keiner.

☐ d) Ich weiß, dass ich noch zu wenig lobe, aber ich arbeite konsequent an meiner Verbesserung.

10. Wie denken Sie über die Menschen in Ihrem Unternehmen?

☐ a) Ich mag fast alle gut leiden.

☐ b) So lange sie ihren Job gut machen, habe ich nichts gegen sie.

☐ c) Manche kann ich nicht ausstehen, andere sind mir sympathisch.

11. Wohin setzen Sie sich, wenn Sie in die Kantine kommen?

☐ a) Am liebsten alleine an einen freien Tisch.

☐ b) Ich halte nach Bekannten Ausschau.

☐ c) Meist zu Bekannten, manchmal aber auch gezielt zu (nahezu) Unbekannten.

12. Was geschieht, wenn Sie allein mit einem anderen Mitarbeiter, Kollegen oder Vorgesetzten im Aufzug fahren?

☐ a) Mir gelingt es problemlos, ein kurzes persönliches Gespräch einzuleiten.

☐ b) Häufig fühle ich mich unwohl und nähme am liebsten einen anderen Aufzug.

☐ c) Aufzugfahrten sind nicht dazu da, Kommunikation zu betreiben.

☐ d) Wir tauschen ein, zwei Small-Talk-Bemerkungen aus; das gehört sich so.

13. Was beschreibt am treffendsten Ihre Vorstellung von Mentoring?

☐ a) Förderung der Selbstentwicklung.

☐ b) Lernen an mir als Vorbild.

☐ c) Vorgegebene Inhalte müssen vermittelt, bestimmte Lernziele erreicht werden.

☐ d) Ich stelle wichtige Kontakte für den Mentee her.

14. Welche Bedeutung messen Sie persönlichen Kontakten bei?

☐ a) Ich bemühe mich um gute persönliche Beziehungen zu den meisten für mich wichtigen Personen in meinem Unternehmen.

☐ b) Ich nutze jede sich bietende Gelegenheit zum Beziehungsausbau – auch mit Kunden, Lieferanten, Wettbewerbern oder gesellschaftlichen Repräsentanten.

☐ c) Meine Aufgabe kann ich auch gut erfüllen, ohne unnötig viel Zeit mit Beziehungspflege zu vergeuden.

☐ d) Der Kontaktaufbau fällt mir etwas schwer, obwohl ich weiß, wie wichtig dieser ist.

15. Wie gut kennen Sie Ihre Außenwirkung?

☐ a) Das kann ich überhaupt nicht einschätzen.

☐ b) Durch viele Feedbacks und persönliche Gespräche kann ich gut einschätzen, wie mich die Menschen in meiner Umgebung erleben.

☐ c) Ich würde gerne mehr wissen, finde es aber ziemlich schwierig, an die ehrliche Meinung anderer heran zu kommen.

☐ d) Hauptsache, ich bin mit mir selber zufrieden, das andere ist nicht mein Problem.

16. Wie gut können Sie Aussagen eines Gesprächspartners mit Ihren eigenen Worten zutreffend zusammenfassen?

☐ a) Ich erkenne an der Reaktion des Partners, dass mir dies meist gut gelingt.

☐ b) Das habe ich (fast) noch nie versucht.

☐ c) Ich werde langsam besser, benötige aber noch Training und Feedbacks, um gut zu sein.

17. Wie viele Ihrer in einer Mentoring-Sitzung gesprochenen Sätze enden mit einem Fragezeichen?

☐ a) Mit Sicherheit deutlich mehr als 50%.

☐ b) Fragen sind bei mir die Ausnahme.

☐ c) Höchstens 50% aller Sätze.

☐ d) Darüber habe ich noch keinerlei Vorstellungen.

18. Welche Antworten erwarten Sie vom Mentee auf Ihre Fragen?

☐ a) Der Mentee soll unter Beweis stellen, ob er etwas weiß oder nicht weiß bzw. kann oder nicht kann.

☐ b) Ich bin überwiegend an der Meinung und persönlichen Einschätzung des Mentees interessiert.

☐ c) Weil ich als Mentor wenig Fragen stelle, kann ich hier keine sinnvolle Antwort geben.

☐ d) Ich erwarte Antworten, aus denen ich etwas Neues erfahre.

19. Wie ist die Schweigepflicht des Mentors geregelt?

☐ a) Ich weiß nicht, wie der Auftraggeber (Management, Personalentwicklung) darüber denkt.

☐ b) Ich habe eine eindeutige Zusage des Auftraggebers, dass für mich als Mentor die absolute Schweigepflicht gilt.

☐ c) Es steht genau fest, in welchem Umfang ich Bericht zu erstatten habe.

☐ d) Es gibt in unserem Unternehmen keinerlei Schweigepflicht für Mentoren.

☐ e) Es gibt zurzeit noch keine klare Regelung, aber ich setze mich für eine weitgehende Schweigepflicht ein.

20. Wie finden Mentor und Mentee zueinander?

☐ a) Der Mentee kann sich seinen Mentor (von einer Liste) frei wählen.

☐ b) Ich kenne das Verfahren nicht.

☐ c) Die Personalentwicklung übernimmt das „Matching", Mentoren und Mentees haben Mitspracherechte.

☐ d) Dem Mentee wird ein Mentor zugeteilt.

☐ e) Dem Mentee wird ein Mentor zugeteilt, er besitzt aber ein „Vetorecht".

21. Wird in Ihrem Unternehmen eine Aus-/Fortbildung f. Mentoren angeboten?

☐ a) Keine Ahnung.

☐ b) Es gibt eine maximal eintägige Auftaktveranstaltung für Mentoren.

☐ c) Die angebotene Vorbereitung durch Seminare oder Workshops umfasst mehr als einen Tag.

☐ d) Der Bedarf wird durch die Personalentwicklung mit jedem Mentor individuell geklärt.

22. Wie sieht die Unterstützung für Mentoren während des Prozesses aus?

☐ a) Mehrmals im Jahr gibt es die Möglichkeit zu Gruppen- bzw. Einzelcoaching oder zu einem kollegialen Austausch.

☐ b) Einmal jährlich wird eine Reflexionsmöglichkeit angeboten.

☐ c) Ich weiß nicht, welche Unterstützungsmöglichkeiten es bei uns gibt.

☐ d) Wer sich selbst darum bemüht, dem wird Coaching o. ä. bezahlt.

☐ e) Während des Prozesses werden die Mentoren nicht durch die Personalentwicklung oder das Management unterstützt.

23. Welchen Auftrag haben Sie für Ihre Mentorenrolle erhalten?

☐ a) Ich habe keinen Auftrag erhalten, sondern wurde lediglich gefragt, ob ich als Mentor zur Verfügung stände.

☐ b) Mein Auftraggeber hat Ziel, Zeitraum und organisatorische Rahmenbedingungen exakt mit mir abgesprochen.

☐ c) Ich versuche dies gegenwärtig noch herauszufinden, das ist nicht einfach.

☐ d) Einige wichtige Details sind mir bekannt, anderes ist noch nebulös.

☐ e) Die Aufträge / Erwartungen des Managements, der Personalentwicklung und des Mentees sind sehr unterschiedlich oder widersprechen sich teilweise.

24. Wie wird jemand in Ihrem Unternehmen zum Mentee?

☐ a) Ich weiß es nicht.

☐ b) Es existieren keine (veröffentlichten) Regelungen.

☐ c) Dafür gibt es ein eindeutiges Verfahren.

☐ d) Das wird von Fall zu Fall individuell geregelt.

25. Wie ist das Mentoring in die Personalentwicklung eingebettet?

☐ a) Es gibt Querverbindungen zu anderen Personalentwicklungsmaßnahmen (Seminare, Praktika o. ä.).

☐ b) Keine Ahnung.

☐ c) Es gibt keine Zusammenhänge, das Mentoring „steht für sich".

☐ d) In einem ausgefeilten Gesamtkonzept hat das Mentoring eine klar definierte Funktion.

26. Lässt Ihnen Ihr Terminkalender genügend Zeit?

☐ a) Wenn ich schon die Mentorenaufgabe übernehme, werde ich dafür sorgen, dass ich dem Mentee in ausreichendem Umfang zur Verfügung stehe.

☐ b) Es gehört zu den Pflichten des Mentees, dafür zu sorgen, dass unsere Treffen stattfinden können.

☐ c) Wir geben uns beide größte Mühe, aber die Meetings finden trotzdem zu selten statt.

27. Welchen Stellenwert besitzt das Mentoring-Programm für die Unternehmensleitung?

☐ a) Ich glaube nicht, dass die sich besonders für uns interessieren.

☐ b) Die Unternehmensleitung stellt personelle und materielle Ressourcen zur Verfügung, hat die Zuständigkeit an andere delegiert und lässt sich gelegentlich berichten.

☐ c) Personalentwicklung und -förderung genießen bei uns einen sehr hohen Stellenwert. Ich bin mir sicher, dass die Unternehmensleitung die Chancen des Mentorings sieht und nutzt.

28. Welche Auswirkungen hat Ihre Mentorentätigkeit auf Ihre berufliche Zukunft?

☐ a) Ich hoffe, dass mein Engagement gesehen und anerkannt wird.

☐ b) Keine. Ich glaube nicht, dass die entscheidenden Personen diese Tätigkeit berücksichtigen.

☐ c) Mehr Nach- als Vorteile. Ich stecke viel Zeit und Energie in diese Aufgabe, die ich besser für mein Fortkommen und meinen Arbeitsalltag nutzen könnte.

☐ d) Die Vorteile überwiegen deutlich. Neben vielen eigenen Lernmöglichkeiten weiß ich, dass die Verantwortlichen mein Engagement schätzen und positiv bewerten.

Auswertung

1. Persönliche Voraussetzungen

Bitte übertragen Sie nun Ihre Antworten in die folgenden Tabellen, indem Sie die Punktezahl Ihrer jeweiligen Antwort einkreisen. (Beispiele: Antwort b zu Frage 1 gibt 3 Punkte, Antwort a zu Frage 2 gibt 5 Punkte.)

Frage / Antwort	a	b	c	d
1	0	3	5	-
2	5	3	0	-
3	0	1	2	4
4	1	0	3	-
5	0	3	0	1
6	3	0	1	0
7	0	0	2	4
8	1	3	0	0
9	3	1	0	2
10	3	0	0	-
11	0	1	3	-
12	3	0	0	1
13	4	0	1	2
14	2	5	0	1
15	0	3	1	0
16	3	0	1	-
17	4	0	1	0
18	0	4	0	4

Bitte addieren Sie die Werte der Markierungen aus allen Spalten zu einer Gesamtpunktzahl.

Gesamtpunktzahl Persönliche Voraussetzungen: _____

2. Rahmenbedingungen

Bitte markieren und addieren Sie auch hier Ihre jeweiligen Antworten.

Frage / Antwort	a	b	c	d	e
19	0	5	3	0	1
20	2	0	3	0	1
21	0	1	4	4	-
22	4	2	0	1	0
23	0	4	1	1	0
24	0	0	3	1	-
25	1	0	0	3	-
26	4	0	1	-	-
27	0	2	5	-	-
28	1	0	0	4	-

Gesamtpunktzahl Rahmenbedingungen: _____

Interpretation der Ergebnisse

1. Ihre persönlichen Voraussetzungen

58 bis 66 Punkte:

Ihr Mentee ist zu beneiden! Einen besseren Begleiter kann man sich kaum wünschen. Auch Empfehlungen zu Fortbildungen oder regelmäßigem Coaching für Sie sind hier überflüssig, da Sie sich aus eigenem Antrieb darum kümmern. Und die wenigen Ansatzpunkte zur Optimierung, die bei Ihnen sinnvoll sind, haben Sie spätestens beim Ausfüllen des Fragebogens selbst entdeckt. Vielleicht liegt sogar der Schwerpunkt Ihrer beruflichen Zukunft in der Beratung?

43 bis 57 Punkte:

Sie bringen gute persönliche Voraussetzungen für Ihre Rolle als Mentor mit. Falls die Rahmenbedingungen stimmen (siehe unten) und Sie motiviert sind, können Sie die Aufgabe des Mentors mit gutem Gewissen übernehmen. Sehr sinnvoll ist jedoch die Teilnahme an einer Mentorenausbildung. Bitte wenden Sie sich mit diesem Anliegen an Ihre Personalentwicklungsabteilung bzw. an die

Personen, die Sie für die Übernahme der Mentorenfunktion angefragt haben. Eine Schwachstellenanalyse – das Auflisten aller Fragen bei denen Sie wenige oder keine Punkte erhalten haben – liefert die Ansatzpunkte, um eine Aus- oder Fortbildung optimal auf Ihre Bedürfnisse zuzuschneiden.

16 bis 42 Punkte:

Bei Ihnen erbringt der Check keine eindeutige Antwort, ob Ihre persönlichen Voraussetzungen Sie zur Übernahme der Mentorenrolle qualifizieren – wobei die Zweifel um so stärker werden, je näher Sie an der unteren Grenze (16 Punkte) liegen. Bitte klären Sie auf Basis dieser Ergebnisse in einem Gespräch mit der Personalentwicklung oder (noch besser) mit einem unabhängigen externen Berater, ob Sie sich auf die Mentorenfunktion einlassen sollen. Vielleicht ist es möglich, dass Sie zunächst nur eine Teilfunktion als „Netzwerker" wahrnehmen, falls Sie in Frage 14 eine hohe Punktzahl erreicht haben. Keinesfalls sollten Sie ohne eine vorherige Schulung die Mentorenaufgabe übernehmen! Es bietet sich an, nach der Schulung diesen Fragebogen erneut auszufüllen.

0 bis 15 Punkte:

Für Sie gibt es eine eindeutige Empfehlung: Bitte übernehmen Sie die Rolle eines Mentors (noch) nicht! Falls Sie bei den Fragen 1 bis 3 sehr wenige Punkte erzielt haben, fehlt es Ihnen an der notwendigen Berufs- und Lebenserfahrung. Dies können Sie nicht durch eine Schulung wettmachen, aber nach einigen weiteren Jahren beruflichen Engagements sieht das Ergebnis hier unter Umständen schon anders aus. Bilden Sie sich mit Themen fort, die Ihre Kompetenz im beruflichen und privaten Alltag erhöhen – unabhängig von der Frage, ob Sie irgendwann doch Mentor werden. Als Lektüre- und Seminarthemen bieten sich an: Kommunikation, Gesprächsführung, Moderation, Sozialkompetenz, Führungskonzepte. **Ein Geheimtipp**: Suchen Sie sich selbst (offiziell oder informell) für die nächsten drei bis fünf Jahre einen Mentor, der Ihr potenzielles Hineinwachsen in eine beratende Zusatzaufgabe begleitet!

Sie sind bereits seit einiger Zeit als Mentor tätig und haben trotzdem nur so wenige Punkte erzielt? Natürlich können Sie Ihr Mentoring nicht einfach kommentarlos abbrechen. Vielleicht arbeiten Sie in einem Unternehmen, wo das Mentorensystem kürzlich erst „ad experimentum" eingeführt wurde? Vermutlich sind Ihnen durch die Lektüre dieses Buches einige Zusammenhänge deutlich geworden, die Sie und Ihre Auftraggeber vorher so nicht gesehen haben. Die Empfehlung für Sie: Stellen Sie Transparenz her. Beraten Sie zunächst mit

Ihrem Auftraggeber, der Personalentwicklung und dann mit dem Mentee, wie Sie das Beste aus der Situation machen können, z. B. durch Fortbildungen, Unterstützung mit Hilfe eines Coachs oder Veränderung des Beratungsauftrags.

2. Die Rahmenbedingungen

33 bis 38 Punkte:

Zumindest was das Mentoring betrifft, herrschen in Ihrem Unternehmen nahezu paradiesische Zustände! Alles spricht dafür, dass Ihr Einsatz als Mentor hier mehrfach Früchte trägt – für den Mentee, für das Unternehmen und für Sie selbst.

21 bis 32 Punkte:

Die Chancen scheinen die Risiken zu überwiegen. Vielleicht können Sie einen eigenen Beitrag zur weiteren Verbesserung der Rahmenbedingungen leisten? Sprechen Sie mit den Verantwortlichen über die Schwachstellen. Wenn Ihre persönlichen Voraussetzungen stimmen, ist ein Mentoring voraussichtlich Erfolg versprechend. Bitte informieren Sie den Mentee über alle Rahmenbedingungen und Unklarheiten, die ihn betreffen!

9 bis 20 Punkte:

Hier steht das Mentoring „auf der Kippe"! Bitte klären Sie zunächst, ob die niedrige Punktzahl auch dadurch zustande kommt, dass Sie die Rahmenbedingungen in Ihrem Unternehmen nicht gut genug kennen. Falls die Rahmenbedingungen auch durch Ihr freundlich-hartnäckiges Nachfragen nicht besser werden, spricht vieles dafür, einen Mentoren-Auftrag mit der entsprechenden Begründung abzulehnen. Nur ausnahmsweise kann das Mentoring trotzdem sinnvoll sein: Wenn Sie sehr gute persönliche Voraussetzungen mitbringen, besprechen Sie mit Ihrem potenziellen Mentee ganz offen alle Hindernisse und Schwachstellen. Dann legen Sie gemeinsam fest, ob und mit welchen Einschränkungen Sie sich miteinander auf den Prozess einlassen.

0 bis 8 Punkte:

Hier „schellen die Alarmglocken"! Vielleicht haben Sie sich nur noch nicht näher mit den Rahmenbedingungen befasst, weil das Mentoring für Sie noch weit weg ist? Dann wiederholen Sie diesen Test bitte, wenn die Übernahme Ihrer Mentorenaufgabe unmittelbar bevor steht.

Wenn Sie bereits Mentor sind und so wenige Punkte erreicht haben, sind Ihnen die Rahmenbedingungen Ihres Unternehmens eventuell einfach nicht bekannt. Prinzipiell liegt die Bringschuld beim Auftraggeber, aber Sie sollten keinen unbekannten Auftrag annehmen. Fragen Sie zu allen Themen, bei denen Sie „weiß ich nicht" angekreuzt haben, freundlich aber hartnäckig nach, bis Sie genau Bescheid wissen.

Es ist nicht auszuschließen, dass die Unternehmensverantwortlichen die Konsequenzen selber noch nicht genügend durchdacht haben und einen hartnäckigen Frager wie Sie benötigen, damit das Mentoring in angemessener Form etabliert werden kann.

Sie kennen die Rahmenbedingungen Ihres Unternehmens und haben trotzdem eine so niedrige Punktzahl? Dann bleiben Ihnen nur zwei Möglichkeiten: Sagen Sie sofort „NEIN!" oder setzen Sie sich vehement (möglichst in Solidarität mit den anderen Mentoren) für eine Verbesserung ein! Fragen Sie die Auftraggeber nach Begründungen für den gegenwärtigen Zustand und konfrontieren sie mit den (vielleicht ungewollten) Konsequenzen. Sollten Sie keine substanziellen Verbesserungen erzielen können, ist Mentoring nicht in verantwortbarer Form durchführbar. Bitte geben Sie Ihren Auftrag mit entsprechenden Erläuterungen zurück!

Sie sind bereits seit einiger Zeit tätig und Ihnen ist erst durch diese Lektüre bewusst geworden, unter welchen ungeklärten oder ungünstigen Bedingungen Sie arbeiten? Natürlich können Sie den laufenden Prozess nicht kommentarlos abbrechen. Meine Empfehlung für Sie: Geben Sie Ihre Erkenntnisse an die Auftraggeber weiter. Klären Sie umgehend, wo eine schnelle Verbesserung der Rahmenbedingungen möglich ist, insbesondere bezüglich der Eindeutigkeit Ihres Auftrags und der Schweigepflicht. Informieren Sie anschließend Ihren Mentee ausführlich über die Veränderungen. Sollten Sie bei Ihrem Auftraggeber auf keinerlei Verständnis für Ihre Anliegen stoßen, informieren Sie Ihren Mentee ausführlich, dass es aus Ihrer Sicht besser, ist, das Mentoring vorerst nicht fortzuführen.

Literaturverzeichnis

Bayer, H. (1995). *Coaching-Kompetenz: Persönlichkeit und Führungspsychologie*. Basel: Reinhardt.

Birnbacher, D. und Krohn, D. (Hrsg.) (2002). *Das Sokratische Gespräch*. Ditzingen: Reclam.

Dörner, D. (1997). *Die Logik des Misslingens – Strategisches Denken in komplexen Situationen*. Reinbek: rororo.

Duden, Der (1997[6]). Band 5: *Das Fremdwörterbuch*. Mannheim: Dudenverlag.

Fleischmann, P. (1984): *Prozessorientierte Beratung im strategischen Management*. Dissertation München 1984.

Friedrichs, P. (1997). *Train the boss – Führungscoaching und -training zwischen Anspruch und Wirklichkeit*. Report Psychologie, 4, 320-323.

Gomez, P. und Probst, G. (1999). *Die Praxis ganzheitlichen Problemlösens*. Bern: Haupt.

Hofmann, M. (1991): Tiefenpsychologische Aspekte der Berater-/Klienten-Beziehung. In M. Hofmann (Hrsg.), *Theorie und Praxis der Unternehmensberatung* (217-246). Heidelberg: Physica-Verlag.

Kastner, M. (1990). *Personalmanagement heute*. Landsberg/Lech: Moderne Industrie.

Kastner, M. (1993). *Ökologische und soziale Bedingungen der Arbeitsumgebung*. Vorlesungsskript. Dortmund: Fachschaft Organisationspsychologie.

Kastner, M. (1999). *Syn-Egoismus – Nachhaltiger Erfolg durch soziale Kompetenz*. Freiburg: Herder.

Kastner, M. und Widmann, T. (1991). Führung im systemtheoretischen Bezugsrahmen – eine einführende Betrachtung. In M. Kastner und B. Gerstenberg (Hrsg.), *Personalmanagement – Denken und Handeln im System*. München: Quintessenz.

König, G. (1996). Coaching – ein neues Arbeitsfeld für Psychologen? In F.W. Wilker (Hrsg.), *Supervision und Coaching* (248-262). Bonn: Deutscher Psychologen Verlag.

Königswieser, R. und Exner, A. (1998). *Systemische Intervention*. Stuttgart: Klett-Cotta.

Kuhlmann, B. und Rieforth, J. (2000). *Systemische Fragetechniken*. Unveröffentlichtes Arbeitspapier. Universität Bochum, Zentrum für Weiterbildung.

Laing, R. D. et al. (1973). *Interpersonelle Wahrnehmung*. Frankfurt: Suhrkamp.

Looss, W. (1997). *Unter vier Augen – Coaching für Manager*. Landsberg/Lech: Moderne Industrie.

Maaß, E. und Ritschl, K. (1997). *Coaching mit NLP. Erfolgreich coachen in Beruf und Alltag*. Paderborn: Junfermann.

Neuberger, O. (1997): *Rate mal! Phantome, Philosophien und Phasen der Beratung*. Augsburger Beiträge zu Organisationspsychologie und Personalwesen, 19.

Neuberger, O. (2002). *Führen und führen lassen*. Stuttgart: Lucius & Lucius.

O'Connor, J. und McDermott, I. (2002). *Die Lösung lauert überall. Systemisches Denken verstehen und nutzen*. Kirchzarten: VAK.

Quitmann, H. (1996). *Humanistische Psychologie*. Göttingen: Hogrefe.

Rauen, C. (2003). Coaching. Göttingen: Hogrefe.

Roth, W., Brüning, M. & Edler, J. (1996). Coaching – Reflexionen und empirische Daten zu einem neuen Personalentwicklungsinstrument. In F.W. Wilker (Hrsg.), *Supervision und Coaching* (201-224). Bonn: Deutscher Psychologen Verlag.

Schreyögg, A. (1997). *Coaching – Fitting für Führungskräfte*. Report Psychologie, 4, 316-319.

Schreyögg, A. (1996[2]). *Coaching – Eine Einführung für Praxis und Ausbildung*. Frankfurt / Main: Campus.

Schulz v. Thun, F. (2002[36]): *Miteinander reden – Störungen und Klärungen*. Hamburg: rororo.

Tietze, K.-O. (2003). *Kollegiale Beratung – Problemlösungen gemeinsam entwickeln*. Reinbek: rororo.

Ulrich, H. & Probst, G. (1988). *Anleitung zum ganzheitlichen Denken und Handeln*. Bern: Haupt.

Vester, F. (2002a). *Ecopolicy – das kybernetische Strategiespiel*. Braunschweig: Westermann.

Vester, F. (2002b). *Die Kunst vernetzt zu denken*. München: dtv.

Vogel, H.-C. et al. (1997[2]). *Werkbuch für Organisationsberater*. Aachen: ibs.

Wolf, R. (1995). *Hilfe zur Selbsthilfe*. management & seminar, 10, 23-26.

Stichwortverzeichnis